ついスマホに頼ってしまう人のための日本語入門

堀田あけみ
Akemi Hotta
村井宏栄
Hiroe Murai

ナカニシヤ出版

はじめに

私は、十七歳のときから、プロの作家として文章を書いてきました。その後、大学と大学院で心理学を学び、初めて教壇に立ったときには二十五歳でした。そして今、大学で文章の創作と心理学を教えています。

このような立場にいると、「最近の大学生の書く文章はどうですか」と訊かれることが多くあります。「上手ですよ。センスもあります」とお答えすると、ちょっとがっかりされるようです。最近の若い者は駄目ですね、という答えを期待されるような年に私がなっているのでしょう。実際に、創作の授業において、学生達は生き生きと達者な文章を書いています。しかし、そこに問題がないわけではありません。私にはしっくりこない、共通した特徴があります。

彼らの文の長所や短所が、どこから生じているのだろう、と考えたとき、それはインターネットと携帯電話の普及、という答えは私の中では、かなり早くから出ていました。というより、学生達が自覚して、授業の中で伝えてくれたのです。私が教壇に立ち始めた時期の学生達は、口頭で会話することが、日常における言語コミュニケーションの大半を占めていたでしょう。そこから、一日何通もメールを打つようになり、現在のＳＮＳで同時に多人数への発信をする生活に移行しています。

このたび、日本語に関する本を執筆する機会に恵まれました。お話をいただいたとき、日本語をはじめとする言語に関する問題で、私が一番信頼をおいている同僚の村井宏栄先生に共同執筆をお願いしました。学生達と接するうちに提示された問題の中から、選んだテーマは「辞書」「語彙」「敬語」。本書では、学生との遣り取りを通して、ことばについて考えを進めていきます。この遣り取りは、実際の経験を元にしたフィクションです。幸か不幸か、ここまで見事に落ちが着くケースは、現実にはそうそう無いのです。この仕事をしていると、「あのモデルは自分だ」「あいつだ」と言われることも多いので、お断りしておきます。

私は、文章を書くことを教えるときに、文章産出には二つのゴールがあることを伝えます。

正しく伝える。

豊かに語る。

この本が、そのような文章を書き、話すことの一助になりましたら幸いです。

堀田あけみ

目次

第一章　辞書と付き合う

一　ことばの宇宙に踏み出そう

間違えるパターン

今は、あまり使われませんが、「辞書」は「字引」ともいいます。「字引」単体より「生き字引」の方を、よく使うかもしれません。

辞書とは「引く」ものです。

私は、大学で小説を書く授業を担当しています。書き方を教えるというより、書く機会を与える仕事だと思っています。本務校は女子大学です。こちらで小説の創作を教える分には、あまり苦労はしません。他大学で非常勤講師として卒業制作に小説を書くゼミの指導もしていましたが、こちらの共学校が大変でした。男子のほとんどがライトノベル（以下「ラノベ」とします）を書き、「ラノベ作家になる」と言います。彼らの指導の何が大変かというと、それはもういろいろありますが、一番は添削する際、朱書きの量が尋常ではないことです。シンプルに時間がかかります。その内容は多岐に渡りますが、単純な誤用も多くあります。

頻出するものの例を挙げてみましょう。

①「嗚咽」を、嘔吐の前兆として使う。

②「おっとり刀」で、のんびりした人を表わす。

③「拍車をかける」を、勢いを削ぐ意味で使う。

いずれも、日常ではあまり使われない言い回しです。そして誤用の原因は、使用頻度が高く、発音が似ていることばに引っぱられていることでしょう。

①「おえっ」という、嘔吐を催すときの声に影響されているのでしょう。用法も、「嗚咽を堪える」「嗚咽を漏らす」と、嘔吐する声でも通用するものが多くありますから、影響も大きいと思われます。

②おっとりした様子と混同されやすいのは、ひらがな表記のせいもあるでしょう。これは、漢字で書くと「押っ取り刀」です。刀の柄に手を掛け、今にも斬りかかろうとしているところです。

③ブレーキと間違えているようです。走っているときにかけるものなので、混同してしまうのでしょう。そもそも拍車が何なのか、ほとんどの学生は知らないと思います。

それでは、これらの誤用が頻出する背景について考えてみます。

まず、このような分類はいかがなものかと思いますが、学生を「ラノベしか書かない人」と「そうでない人」に分けてみます。後者には、「ラノベを書かない人」の他に「ラノベも書くけど、大人向けのエンターテインメントも書くし、純文学も書いてみたいと思っている人」も含まれます。私の実感としては、学生の時点では「ラノベっぽい作品も書く人」の文章力が一番高いので、こういう分け方になりました。

先ほど私は「日常ではあまり使われない言い回し」と書きました。ラノベの世界には、「日常では使わないが、ラノベではよく使われる、やや古めの定型的な表現」が存在します。これが誤用の一番大きな要因だと思います。例えば、男子が多い学年のゼミの授業では毎週、紅蓮の炎を双眸に燃え上がらせた主人公が、敵を揶揄しつつ、踏鞴を踏んで立ち向かっております。また、特定の単語の使用頻度が異様に高い、という現象も見られます。

例えば、発言のほとんどが「揶揄する」という動詞で表されたりするのです。本来の「揶揄する」の類語としては、「からかう」「皮肉る」それに「嘲笑する」も入るでしょうか。でも、攻撃や哀願に使われたり、普通の会話でも揶揄してしまうことがあります。思わず朱筆で「ほんとに揶揄すんの好きだね」と書いたことも、トータルでは結構な回数にのぼるでしょう。ちゃんと読んでもらえたかは、定かではありませんが。何分、文法的な間違いを指摘すると、

「そういう校閲に任せときゃいいようなことして欲しいわけじゃないんですよね、俺としては」と言い出すので。発言にも朱を入れて差し上げたいと思います。「校閲さん」とお呼びしなさい。

定着する新語

日常生活では使わないあることばに、読書体験の中では頻繁に出会うとします。その読書体験は偏っており、用法も偏っています。これが重なって、なんとなく把握したつもりになっている単語の使い方が間違っている、という状況になるのです。

彼らが触れている作品の種類にも、誤用の要素はあります。今は、ネット上で誰でも自由に作品を世に送り出すことができる時代です。そこから、紙媒体の書籍を大手の出版社から出せる人も出てきます。いわゆるプロデビューです。もちろん、送り手がいるわけですから、ネット上で作品を読む人も多くいます。

「先生は、図書館に行けとか本屋に行けとか、よく言うんですけど、サイトでいっぱい小説読んでますから、別に本読まなくてもいいと思います」

その作品は、誰のチェックも受けていないことがほとんどです。一方、書籍を出版するにあたっては、複数のチェック機能が働いて、誤字・誤用はもちろん、不適切な内容や表現があれば指摘を受けます。その指摘には、従わなければいけないわけではなく、納得がいかなければ、とことん話し合います。

学生達を見ていると、ネットに書いてあることを、かなりの強さで信頼している子もいるようです。それに対して、「もっと信頼できる情報源に当たった方がいいよ」と指摘するのも学生なので、最近の学生は、との言い方は当たりません。ネット上には、何のチェックも経ていない情報が飛び交っているということは、覚えておいて欲しいものです。

情報だけではなく、語彙の使用法にも同じことが言えます。「なんとなく」わかっているものを、「完全に」把握しているつもりになっていることが多く、それが同じパターンを踏襲していたりもします。高じると結果的に日本語として定着することもあります。それを繰り返して、日本語は変化してきました。でなければ、今でも『源氏物語』が書かれているような言葉が使われているはずです。

例えば、「いまいち」という単語は、今では日本語として認知され、辞書にも載っています。これが元は「今ひとつ」という言葉だったと知らない人も増えていると思います。

これは、一九八〇年代に登場した新語です。私が初めて目にしたのは、雑誌『POPEYE』で綱島理友氏が連載していた「街のイマイチ君」というコーナーでした。発信する側は無自覚だけど、センスが一般的なラインとずれているよ、つまり「今ひとつ」カッコ良くないよ、という意味合いで使われていたと記憶しています。次第に、当時のヤンキー文化の中で使われるようになり、定着したものです。

この例や、可能を表す動詞から「ら」を抜く（例：食べられる →食べれる）、いわゆる「『ら』抜きことば」は、もう日本語と言ってよいでしょう。日本語に定着したという実感は、辞書に載っていれば得られますが、私も毎日辞書を引くわけではないので、ＮＨＫのアナウンサーが使っていると、「あ、もうありなんだ」と感じます。

誤用の方が多い?

このような状況下では、そもそも「正しい日本語」とはどのような日本語か、というのも難しくなってきます。誤用の方が多いような日本語もありますから、どのように解釈したらよいかわからなくなってきます。

代表的なものとして「役不足」があります。子ども達が小さかった頃は、毎年、年度始めの保護者会で、ＰＴＡの役員が決まると、

「私のようなものでは役不足ではありますが、頑張らせていただきます」

との挨拶がお決まりのようにありました。

文字通り、「役不足」は「役が小さ過ぎること」です。では正しくはなんでしょう。シンプルに「役者不足」です。役に対して自分が小さい、ということですね。

これは、後ほど触れますが、この際に「あ、間違ってるな」と思ったら、どのような対処をしたらよいのでしょうか。正しい日本語を広めようと思ったら、放置はできません。では、「間違ってますよ」と指摘したり、自分の番が回ってきたら、「役者不足」を使ったりするべきでしょうか。

私は、そうは思っていません。人間関係を良好に保つことは必要です。そして、いわゆる「ママ友（これも新語ですね。まだ辞書には載っていませんが、これは定着しそうな気がします）」同士の関係は特にデリケートです。無駄に人を傷つけない配慮が必要になります。私の選択は「自分は使わない」というものです。

「私では力の及ばないこともあるかと思いますが、皆様と一緒に全力を尽くしたく思っております」といった言い方を工夫します。

他にもいくつか例を挙げてみましょう。

①**「確信犯」**

「悪い結果を生むとわかっていながら何かをする」といった使い方をよくされます。「うっかりやっちゃったってのは違うでしょ、確信犯でしょ」というように。正しくは「本当は社会にとってよい結果をもたらすと確信して犯罪を起こす」ことです。時代物の創作に登場する義賊は確信犯ですね。

②**「穿った見方をする」**

物事を斜めに見る、ひねくれた見方をする、という意味で使われることが多いようですが、「穿つ（「穿る」じゃありませんよ）」は物事の本質を見通すことです。

③**「失笑する」**

堪えきれなくて、つい笑ってしまうことです。「厳正な場で、つい失笑してしまった」というように。なぜか嘲笑と同義、もしくはちょっと弱い嘲笑といった意味で使われることが多いようです。

誤用の方が多いのなら、そちらが正しい使い方でよいのではないでしょうか。

とはなってくれません。現代は、誤用が広まることも多いのですが、それを指摘する方法も厳しく苛烈になっています。政治家による誤用・誤読は、国会中継やニュースの映像で流れるや否や、ツイッターのトレンドワード上位に躍り出ます。

麻生太郎元総理が有名です。「未曾有」を「みぞうゆう」、「弥栄」を「いやさかえ」で、「総理大臣の癖にまともに日本語が読めない」という扱いになりましたが、どちらもそういう読みもあります。いずれも、昔はそのような読み方もあったけれど、今は「みぞう」「いやさか」が定着しているということです。わかった上で、敢えて一般的ではない読みを選択したのか、本当に知らなかったのかはわかりません。でも、大喜びで指摘した人達は、指摘したつもりが指摘されることになりました。ネットに書き込む前に、調べておけばよかったのに。

代表的な例を挙げてみましたが、他人のミスを指摘することが大好きな人が、かようにたくさんいる世の中なので、正しい知識を持ち、正しく運用するに越したことはありません。

個人的には、ここ十年くらいで、「延々と」を「永遠と」と言ったり書いたりする人の多さに、少し苛々しています。驚くほど多いし、授業中に指摘したりもするんですね。

「『延々と』とかって何。これ『永遠と』のことじゃないの。てか、見たことないんですけどー、こんな日本語」

「いや、正しい。むしろ『永遠と』という日本語の方が違和感ある。『永遠』を使いたいなら『永遠に』だ。それより、二十歳過ぎて『延々と』が日本語じゃないとか言ってる方が危ないぞ」

「えー、普通に生きてたら『延々と』なんて使わないじゃん」

「普通に新聞や本読んでたら出会うだろうよ」

「俺、今まで知りませんでしたー」

「知らないことについては、百歩譲るとして、辞書引け」

などという遣り取りを、「延々と」を間違いだと指摘された学生が、とりなしてくれました。

「引きようがありません、先生。間違ってる可能性を微塵も疑ってませんから」

場を収めようとした彼女は、私の間違った思い込みを正してくれました。

辞書を引かない理由

彼らが辞書を引かない理由は、面倒だからだと思っていた私に、彼女は新しい視点を示してくれたのです。

「面倒がらずに、辞書を引きなさい」

という呼びかけが実を結ばないわけです。

自分の正しさを疑わないから、辞書を引かないのです。

だから、「わからないことを知るため」ではなく、「日常的ではないことの確認のため」にしなさい、というべきなのです。その前に「自分の知識を疑え」、と言うべきかもしれません。

ソクラテスは「知らないことを自覚する」のが哲学のスタートだとし、それは「無知の知」と呼ばれました。今は高校の科目になくなった「倫理社会」の教科書で、私は、このことばを知りました。「ものを知らない＝無知」ではなく、「まだ、わかっていない＝不知」である、という説があることを知るのは、大学生になってから。

わかっているつもりのことを、自分は本当に理解できているのか、自らに問いかける必要があるのは、ことばについても同じです。ただ、わからないという自覚はとても難しいことです。

わからないことは、すぐに質問して解決して、とは、授業でもよく使う言い回しです。でも、最終課題で大きなミスをして、単位を失ってしまうこともあります。「どうして訊いてくれなかったの」と言うと、「わかってるつもりだった」「どこがわからないか、わからなかった」「どう質問していいか、わからなかった」との答えが返ってきます。こういうのを最近の言い回しでは、「わからないが渋滞している」と言ったりします。何がわからないかを気づくにも、センスが必要なのかもしれません。

自分の知識は完全である、という前提を崩したところで、積極的に辞書に向かうことには、なりそうにありません。「わからない」がわからないことに、変わりはないからです。やはりことばへの関心がないことが、辞書に向かわない大きな理由ではないかと思います。

学者としての私の領域は、発達学習心理学です。大学院にいた頃、言語の理解と産出について研究していました。当時、文章の「内容的側面」と「修辞的側面」、文章を産出するにあたって、どちらがより意識されているかを、質問紙と推敲時の発話プロトコルを用いて調べたことがあります（堀田、一九九二）。つまり、「何を書くか」と「どう書くか」です。

堀田あけみ「文章産出における修辞的及び内容的意識に関する検討」、名古屋大学教育学部紀要、一九九二結果は「何を書くか」に対する意識が優位でした。どのように書くかで、同じ内容でも随分印象は変わるものですが、そこは意識されにくいのです。この対象は、一般的な学生なので、小説を書くゼミに来て、作家になりたい人が同じようでは困ります。「どう書くか」に興味がない、即ちことばに興味がないと、生み出す文章に限界が出てきます。先に文法的・意味的な誤用は「校閲に任せておけ」と言った学生は、こうも言いました。

「誤字とかどうでもいいじゃないですか。小説なんか、面白けりゃそれでいいんですよ」

「今回一番の問題は、一つも面白くないことなんだよなあ」

「そんなバカな！」

そんなバカな、という発言、ものすごく久しぶりに聞いた気がします。いや、実際に聞いたのは初めてかもしれません。彼は他者の誤字脱字、誤用については、「重箱をつつくようなことというけどさ」と前置きして、細かい指摘をしていました。重箱は本体ではなく、隅をつついてください。人には好みがあって、何にでもニーズがあるものです。この作品に対する私の意見は、

「少なくとも、私は普通の女の子が魔法少女に変身して悪と戦う話を、小説で読みたいとは思わんわあ。それに、変身するシーン、それだけで二ページあるけど、要る？　と思います。私はね。アニメで見るならいいけど」

というものです。

「言い忘れたけど、これ、全十三話のアニメの企画書です」

「これはアニメの企画書を書く授業じゃないし、企画書を小説形式で書いてったら叱られます」

かなり場当たり的なことを言っていますが、それはここでは不問としましょう。

面白ければ何でもよい。内容が重要だから形式は問わない。どのようなことばで語るかは重要ではない。

と、いうことですよね。

そのように考えていては、文章を豊かに書くことはできないと思います。あなたの心を動かすことができた文章があるなら、それはきっと「どう書くか」を考えて書かれているはずです。しかし、「どう書くか」を考えたことがないと、「何が書かれているか」にしか頭が回りません。

文章を書くことを仕事にしたいのに、ことばに無頓着では悲しい。というか、そんなことはありえません。

まず、ことばに興味を持ちましょう。辞書は一冊（今は、ほとんどが電子辞書ですから一台でしょうか）あれば、大きなことばの宇宙から、あなただけの文章を導き出すことができるのです。

二　複数の辞書と付き合う

まずは、電子辞書

さて、辞書を使えと勧められて、

「大丈夫っす。そんなの、俺のここにあるんで」

と、親指で自分の胸を指して以来、屁理屈を捏ねて頑なに辞書を使おうとしない青年を、

「ないものはない。あるんだったら見せてみろ」

と、ようやく説得しました。

でも、使っていないようです。「共闘」に「ストラグル」とルビを振って、対決するという意味合いで使っています。どこから手をつけるべきか、迷うところではありますが、まずは「共闘」の意味からいきましょう。

でも、

「辞書は?」

一緒に調べたいから、持ってきてと言っておいたのですが。

「これ」

「それはスマホ」

辞書のアプリでもダウンロードしているんでしょうか。

「普通に調べられるでしょ。ググれば」

ちゃんと辞書を使いましょうというのは、とりあえず単語の意味を知りましょうということではないのですよ。まあいいでしょう、今日は私の電子辞書を貸します。

私の使っている辞書は、電源を入れると幾つもの辞書のアイコンが画面に並びます。

「どれ使うんすか。和英辞典？　漢和辞典？」

「国語辞典だよ」

「ここにないっすけど。てか、今まで生きてきて、そういう辞書、聞いたことないんすけど」

言われてみれば、そうかもしれません。

英和辞典は、英語を習うようになったとき、これが英和辞典だよ、英単語の意味がわからなければ、これで調べなさい、と示されます。

漢和辞典は、どうでしょう。私の場合は、中学に入ったとき、新出漢字が難しいものになるからという理由で、単元が改まると、一文字ずつ調べてノートにまとめておくという宿題が出ました。これが、漢和辞典とのお付き合いの始まりです。ただし、新品の辞書にどきどきしながら触れた記憶は、すべての種類の辞書において、私にはありません。四歳違いの姉がいたので、お下がりばかりでした。

さて、それでは国語辞典とのファーストコンタクトは？

辞書、という名称だったのでは？

小学校中学年の頃、国語の時間に辞書の引き方を習いました。そのとき先生は、

「辞書を持ってきて」

とおっしゃったはずです。辞書の表紙には、だいたい「国語辞典」と書いてあるものですが、気にとめていなければ、知らずに二十歳を超えてしまう可能性もあります。

さて、電子辞書ですから、国語辞典も複数入っています。

「どれっすか?」

「好きなの選んでいいよ」

「好きなのないっす」

「じゃ、広辞苑」

「それもないっす」

「あるでしょ」

「もしかして、この広いで始まるやつ?」

「はい、その広いで始まるやつ」

ようやくどの辞書を使うかが決まりました。

ところが、広辞苑で「共闘」を引いたところ、

「合ってんじゃん、俺」

となりました。

電子の強み

『広辞苑 第六版』の「共闘」に関する記述には二つの情報が含まれています。一つは「二つ以上の組織が共同して闘争すること」という単語の意味。もう一つは「共同闘争の略」という来歴です。どちらにせよ、一対一でする喧嘩の意味だとは思えません。「組織が」という主語がはっきりと書かれています。

「合っとらんでしょうよ、どう見ても」

「だって、バトルしてんじゃん。だいたい合ってんじゃん」

「組織は個人じゃないし、二つの組織は味方同士だよ」

「書いてねーし」

そうですか。

電子辞書の良いところは、複数の辞書が入っていることです。ここは、別の辞書を見てみましょう。『明鏡国語辞典 第二版』はいかがでしょう。「二つ以上の組織・団体が共同して闘争すること。共同闘争」。「組織」に「団体」が加わっただけでした。では、『精選版 日本国語大辞典』は？「共同闘争の略」とだけあります。そこで、「共同闘争」の項に行くと。

「二つ以上の団体が、共通の目的を達成するために、共同で行う闘争。共闘」

ようやく、納得してもらえそうな説明にたどり着くことができました。

電子辞書ですから、英和辞典も入っています。ついでに「struggle」も引いてみましょう。すると、「戦う」「格闘する」という意味もありますが、「もがく」「あがく」「苦労して行く」「懸命に努力する」とも書かれています。私には後者の印象が強くあります。小説を読むほどには英語を使わないので、会話以外で英語に接する主な機会は絵本と歌詞と論文ですが、特に論文と歌詞では、ほとんど「戦う」の印象はありません。「戦う」で想起するのは、一般的な「fight」です。

「だから、『共闘』に『ストラグル』ってルビを振るのは、適切ではないわけよ」

「えー、俺的にはオッケーなんすけど。だって、俺が『あり』って思ったってことは、他にも『あり』って思う奴もいるわけで、別に辞書とか関係ないじゃん」

「君、作家になりたいんだよね？」

「ラノベ作家っす。ここ重要」

「他人にわからない日本語書いてたら、なれないと思わない？　それじゃ、新人賞取れないよ」

「まあ、先生にはわかんないでしょうね。でもいいっす。わかる人にはわかるんで」

こんなに便利なことばのための道具があるのに、自発的に「使いこなさない」と心に強く決める背景はなんなんだ、と思いますが、こんな会話も無駄ではありません。

「そうか、複数の国語辞典が入ってるんだった」

使っている子は、聞き逃さないのです。

「私、広辞苑しか使ってませんでした。引き比べるとかできたんだ」

「機種によって違うけど、他のコンテンツもほんといろいろ入ってるよ。私のは古今東西の名著が二千作品読める。読まんけどね」

「どうしてですか」

「読みにくいから。きちんと読もうと思ったら、紙の本で読む。この作品の書き出しって、どんなだったっけって調べたり、正確に引用したいときに使う」

普段使わない機能まで見ていくと、実に多様な内容です。何故それが、というものまで入っています。私の例だと、『日本酒／焼酎・泡盛ハンドブック』『新ヤマケイポケットガイド 海水魚』などがあります。何故、淡水魚はないのでしょう。気になることがあると、一通り調べることができます。ただし、画面が小さいので動画も写真も文章も、見辛い、読み辛いものです。とりあえず調べることができるけれど、きちんとした資料に再度当たってってください、というものだと解釈しています。

類語辞典と仲良くする

それらの中で、是非とも活用してもらいたいのが類語辞典です。使いこなすというより、仲良くして欲しいのです。不必要なことまで調べて欲しい。暇潰しに使って欲しい。それくらい、お勧めしたいものです。私達は文章を書くときに、当然、自分の知っていることばを使います。手持ちが少なければ同じことばの繰り返しになります。

ここでも、具体的な例を挙げてみましょう。

作品中に何度も「揶揄する」を使った学生がいました。

「『揶揄する』使いすぎじゃない？　一頁に五回出てくる」

「はい、別の表現工夫します」

こういう素直な子もいます。むしろ、今の学生の主流はこちらのタイプです。同じことばに頼りそうになったときは、類語辞典を引くのが一番ですから早速引いてみましょう。

囃す・野次る・笑う・嘲る

これらが登場します。でも、

「どれもしっくりきませんねえ」

その原因は何だかわかりますか？

「そもそも、『揶揄』ってこういう意味だったんですか？」

いいところに気がつきました。そうです。元々、彼女の「揶揄する」の使い方が間違っていたのです。「言う」の代用として使っていたのですね。では、どうして普通に「言う」としなかったんでしょうか。

「『言う』だと普通すぎるから、表現にバリエーションをつけようと思いました」

でも、結局「揶揄する」と繰り返したのでは、多様な表現にはなりません。では、彼女にとって

「揶揄する」はどんな意味だったでしょうか。

「『言う』のかっこいいバージョンっていう感じです」

それだけ？

「うーん、上から言うって印象もあります」

彼女の書く男性が、何を言われても動じない冷静に言い返すタイプだったので、そうなったんでしょう。「揶揄」の本来の意味は「冗談や皮肉を言って相手をからかうこと」ですが、彼女はそれを知っていたのでしょうか。

「知っていましたか、と訊かれると答えに困ります。知っていたような、そこまで強い意味があるとは思ってなかったような。でも、明るい性格のキャラクターに使わないのは確実です」

肝心なのは、そこで辞書を引こうとは思わなかったのか、という点です。

「知ってるつもりでいましたね。みんな使ってるからって。実際にサイトの小説はこういう書き方する人が上手い扱いされるので」

現在、小説を創作して投稿するインターネット上のサイトが数多くあり、それらのサイトで作品を発表している学生も少なくありません。書き慣れているので文章が達者ですが、同じような書き方をする傾向があります。つまり「上手い扱いされる文体」があるのでしょう。他にも「踏鞴を踏む」や「紅蓮」「双眸」などの語彙が頻出します。個人的には、逆接で「〜するも」、因果関係を表す「〜すれば」が不自然に多く使われるのが、非常に気掛かりです。

創作の時に、こんな場面でも類語辞典を使って欲しいと思うのが、特殊なキャラ付けをした人物の台詞です。大金持ちのお嬢様はよく登場する人物の一例ですが、彼女達の口調は一貫して語尾に「ですわ」を付けただけなのです。

これは、語尾を上げると狙い通りの上品なことば遣いになりますが、下げると西の方の勢いのある語調になってしまいますね。イントネーションを示すことができない紙面では、もっと工夫が必要です。それができなければ小説を書くことはできません。そもそも上品な山の手の話しことばとは、そういうものではないという、根本的な問題もあります。私が「ラノベ作家になるから就活しない」タイプの男子に警鐘を鳴らすのは、その点の理解が不十分だと思うからです。

小説には、小説にしかできないことをさせて欲しいのです。マンガを描きたい、アニメを作りたい、動画を作りたい、ゲームクリエイターになりたい。でも、どれもめんどくさそうだから、ちょこちょこっと書けばどうにかなりそうな小説を書こう。そうしたら、アニメやゲームになるかもしれないし。では、私は困るのです。教えるモチベーションが保てないから。

お嬢様は、登校したときに「おはようございますわ」とは言いません。帰宅時に「さようならですの」とも言いません。どちらにも使える「ごきげんよう」という便利なことばがあります。自分が率先して何かをしようと思えば「やりますわ」ではなく、「私がいたしましょう」と言うでしょう。「やる」というのは、かなり下品なことばなので、できるだけ他の言い方を工夫する必要があると思います。相手の要求を受け入れるにも「いいですわ」ではなく「よろしくてよ」と口にするはずです。

自分が生み出した登場人物には、責任を持って血肉を与えて欲しいのです。

「だったら、自分の知らない世界の人は書くなって言うんですか。そしたら、学校の話しか書けないじゃないですか」

書くな、ではなく、ちょっと調べたらわかるから、調べよう、ということです。正しい知識を身につけた上で、想像の羽を広げて欲しいのです。

「受け取る」の類語は？

もう一つ、例を挙げてみましょう。ここで描かれるのは、カリスマ編集者です。データ入稿を断固としてしない主義の作家の元に、根気よく原稿を取りに来ます。カジュアルな格好の編集者も多いが、真夏にもスーツにネクタイというスタイルを崩さない、という設定は、よくできていると思います。ところが、重厚な雰囲気のベテラン編集者が原稿を受け取って、このように言うのです。

「ちゃんともらいました」

これは、私が指摘するまでもなく、不自然では、との声が学生達からあがりました。

「いただきました、では？」

「受け取りました、とか？」

「それ以前に、『ちゃんと』も子どもっぽいと思う。確かに、の方がよくないかな」

他にも「査収」「受領」などの候補が出ました。類語辞典で調べてみると見つかる「受け取る」を表わす日本語は、おそらく多くの人の予想を大幅に超えるでしょう。私の辞書では二十九個見つかりました。その中で、私がこのシーンに一番ふさわしいと思うのは「落手」「落掌」です。「手紙などを受け取ること」とあります。その作品で描かれた編集者の佇まいからは、このことばがしっくり来ます。それは、私が二十歳くらいのときに、

「では、お原稿、確かに落掌致しました」

と言われて、「かっこいい！」と感じた経験も含めてのことです。「らくしょう」の意味がわからないまま、状況的にこう言うことだろうと判断し、

「よろしくお願いします」

と頭を下げた私は、帰宅するなり辞書を引きました。当然、その頃はスマホで検索なんかできません。それが、「落掌」と表され、既知の「落手」と同じ意味だと知ったときには、思いました。

『落掌』を自然に使いこなせる人間になりたい！」

知っていても、しっかり身についたという自信がないと、なかなか使えないものですから。それらのことばを使いこなす大人と、若い頃から一緒に仕事ができたのは、とても幸運なことだと思っています。次の作品にはこういうアイディアがあるんです、とお伝えすると、

「拝聴、拝聴」

身を乗り出したりなさるのは、仕種もことばも小娘の私には憧れでした。一流の大人を描くので

あれば、ことば遣いも一流にしましょう。類語辞典を引くだけでは難しいでしょう。ずらりと並んだ似たようなことばのどれを使えばよいかわからないと思います。そんなときは、誰かに尋ねてみましょう。一人では心許ないので何人かに。きっと探しているものが見つかります。

この作品には、もう一つ欠点がありました。大御所作家の作品を、主人公（作家の家で夏休みの間だけ家政婦さんのアルバイトをしている女子大学生）が読むシーンで、その一部を実際に書いているんですね。この文章が拙いんです。実際の作品の描写が必要なシーンではなかったので、ここは「読んだ」という出来事と、どのような感想を主人公が持ったかを説明するだけでよかったと思います。

思わず膝を叩いて欲しい

先ほど例に挙げた「受け取る」の類語ですが、ずらりと並んでいたにもかかわらず、見たことも聞いたこともないものは、ありませんでした。それは、読むこと書くことを仕事にしている私だからではありません。それこそ、日常的に一番使わないのは「落手・落掌」でしょう。与えられたら、苦もなく読めるのに、自分で書こうとは思わないことばがこんなにもあると気づくことにも意味があります。

日常の中で私達は膨大な量のことばを受け取ります。その受動的なことばとのお付き合いからは、豊富な語彙を身につけるのは難しいと思います。積極的にことばに関わると、「そう言えば、こういう言い回しがあったんだ」と膝を叩きたくなることばに出会えるはずです。それを使うことで手持ちの語彙が増えて行きます。ただし「見たことも聞いたこともないけど、同じ意味らしいから使おう」はいけません。何故かについては、後に詳述します。

文章には、それぞれのスタイルがあり格があります。それを統一する必要があるのです。しかし、往々にしてぶれが出てきてしまいます。類語を探ることによって、「こっちの方がぶれてない」が「こういうときには、こういうことばを使うんだ」になります。これが語彙を獲得するということだと思うのです。

さて、使えることばの手持ちを増やし、確実に自家薬籠中のものにするために、もっと辞書と深く付き合っていきましょう。

三　敢えて、紙に拘る

人は便利な方に流れる?

先ほど、私は「まずは、電子辞書」と書きました。電子辞書と付き合えるようになったら、今度は紙の辞書にも目を向けてみましょう。個人的には、つい最近まで紙の辞書主体だったので、正直に言うと実感としてよくわかりませんが、一般的にはかなり前から生活全般がデジタル優位だったのだと思います。

基本がデジタルでアナログは応用編。仕事もプライベートのお付き合いもメールから始まるものになっていて、手書きのお手紙に「おおっ」という感動を覚えます。小説やシナリオの審査をすることがありますが、すべてと言ってよいほど出力原稿で、原稿用紙に手書きの作品には、何年かに一度しかお目にかかりません。こちらの方面でも私は、つい最近まで、エッセイや小説は原稿用紙に鉛筆を使っていました。論文や書類を書くときは、キーボードに向かいます。手段を変えることで、頭を切り替えようとした例です。今は、すべてキーボードで入力しています。時間を短縮するためです。

アナログツールで仕事を進めようとすると、とても時間がかかります。時は金なりですから、無駄のない手段に走るのは当たり前です。

出力のためのツールの魅力は時間を節約できることですが、電子辞書の場合は、それがコンパクトさになります。通学鞄の中に、辞書が一冊入っているだけで、とても重くて嵩張ります。私は二冊入れていました。小さめの国語辞典と英和辞典。自宅では広辞苑と、大きさ的にはそのくらいの英和辞典を使っていました。大学に入ると日によって、中日辞典と仏日辞典も入ります。デジタルにしてしまえば、これら四冊の機能がすべて、掌に乗る大きさで済むのです。とても便利です。無駄がありません。

しかし、人生には無駄が必要です。コロナ禍で遠隔授業を続けたとき、リアルな教室はもちろん廊下が恋しくなりました。電脳空間で行われる授業や会議に、参加者はいきなり登場し、いきなり去って行きます。あの子に言い忘れたことがある、と気づいても追いかける廊下も、学生控え室にいるかしら、と様子を見に行く廊下もありません。後から、メールを送ることしかできませんが、果たして読んでもらえるかどうか。

教員同士のコミュニケーションもメールやラインになります。こういうときに困るのが、「わざわざメールするほどでもないけど、知らせたい」ことです。今、こういうドラマにはまってるんだとか、昆布を沢山いただいたんだけど、少しいかがとか。どうでもよいことですね。でも、正しくて必要なことだけで生きていると、面白くない人もいるのです。私も、もちろんそちらに含めてください。

私が初めてデジタルの音を聞いたのは、CDではなくLDでした。音と画像がクリアなことに驚きました。そのときは、それが「良い音」だと思ったのです。でも今は、ぷちぷちとした雑音の入るレコードが再注目されていると言います。味のある音なんだそうです。音だけの問題ではなく、振動で針が飛んだり、傷がつくとそこから進まなくなったり、今思うととんでもなく不便ですが、利便性を追いかけた結果、それだけでは失うものもある、というところに行き着いたように思います。

点・線・面

それでは、電子辞書の便利さと引き換えに、失われているものはなんでしょうか。

それは、最大のメリットであるはずの、最小の手間と最短の時間で目的が得られることに由来します。寄り道ができないのです。寄り道のついでに目に入るものがありません。

シンプルに、ある単語の意味を調べる、この動作をイメージしてみましょう。

電子辞書だと、読みを入力して、画面に表示された候補の中から目的にかなった項目を選びます。ここで可能な寄り道は、せいぜい同音異義語とその周辺の数項目です。

次いで、紙の辞書をイメージしてみましょう。目的の単語がこの辺にあるかな、と思った辺りを開きます。二十代も後半になると、私のこの動作はかなり正確でした。伊達に長年字引を使っていない、と言えるだけのものではあったと思います。でも学生の頃は、結構遠いところを開くことから始まりました。親になって、小学生の子どもに辞書の使い方を教えたときには、「いくらなんでも、そこ開きます?」というところを、がばっと行っていました。そこから、微調整に入るわけですが、目的に行き着くまでに、多くのページで多くの単語を目にします。気になるものがあれば、立ち止まって本格的に道草を食い始めることもあるでしょう。「見たことある単語」は電子辞書の場合と較べて、格段に多くなります。最終的にたどり着いた目的のページでも、調べたい単語の他に、見開き二ページ分の情報が入ってきます。それから電子辞書では、もう一度確認したいページには付箋を貼る、重要だと思う単語に線を引く、といったこともできません。

先ほど、複数の辞書を手軽に引き較べることが、電子辞書のメリットであるとお話ししました。ですが、同じ辞書で、あっちを見て、こっちを見て、としたいときには、紙の方が便利だったりするのです。

電子辞書は、目的だけを獲得するためのものです。そこで得られた情報は「点」です。知識とは情報をつなげて、「線」や「面」を形成していくことで身につきます。この「線」や「面」を作る機能に関しては、紙の辞書の方に軍配が上がります。

例えば、本を買うときも、題がわかっていたら、ネット通販で買うのが一番楽です。でも、私は書店に行きます。誰かに勧められた本、今売れている本だけが欲しいのではありません。書店の店先で、何の予備知識も持たなかった本と出会うのが楽しいのです。どこかに行くとき、目的地に何があるかも大切だけれど、車窓の景色も楽しいし、意外な発見もある、そんなこととも似ているでしょうか。

最初からお目当てにしていた本や目的地は「点」ですが、周囲を見渡すことによって、「線」を経て「面」を形成していくように、辞書のページを繰ることによって、ことばは「面」を形成していくのです。

知識の番人

紙の辞書を使ったことがない、という人は珍しいと思います。いないと言いたいところですが、そうも言い切れない気もしております。常識的に考えて、小学校の授業では普通に辞書の引き方を教えるでしょう。中学からは、電子でも可となり、多くの高校では入学時に電子辞書の購入を推奨していると思います。

繰り返し書く通り、電子辞書は利便性では紙の辞書を寄せ付けない強さがあります。そして、持ち歩くことも簡単です。かつての私のように、「これくらい内容の濃いものが欲しいけど、重くて持ち歩きが大変だから、こっちのコンパクト版にしようかな」などという悩みからは解放してくれます。

となると、家に置いておく紙の辞書は頼り甲斐のある大きなものを選びましょう。辞書には改訂があります。どんなに立派なものでも一生物ではありません。知識とはそういうものです。学者としての専門が心理学である私は、障害者支援にも関わっていますが、精神障害を分類するにあたり使用される基準「ＤＳＭ（Diagnostic and Statistical Manual of Mental Disorders）」は学生時代に３版だったものが今は5版になっていますから、内容も随分変わっています。例えば、同性愛もかつては人格障害の一種に分類されていました。私が初めて触れた学生時代には、すでに削除されていましたが、これは「ＤＳＭ」という文書（概念と言ってもよいかもしれません）が改訂されたことで、世界中から障害者の人数が大きく減ったということになります。

辞書が改訂されると、ことばも変わります。この変化が大きなものであることもしばしばです。「大変によろしくないもの」だった「やばい」が、「とても良いもの」になるほどに。しかし、大きな辞書の改訂はニュースになる程、珍しい出来事。そんなに頻繁にされるものではありません。ちゃんとしたものを買って、机に置いておきましょう。

定位置に置かれた大きな辞書は、とても頼り甲斐のある風情を見せています。わからないことがあったら私に訊け、とでもいう様子で。自分がここにいる限り、あなたに間違いは冒させない、と自負する知識の番人のようです。

私だけの辞書に

児童向けの辞書のコマーシャルに秀逸なものがあります。新しい辞書が、付箋を貼られ、線を引かれ、どんどん古びていく様を見せるものです。もちろん、表紙もよれていきます。表紙を正面から撮っているので見えませんが、あれだけ使い込まれた辞書なら、小口の指の当たる部分だけが、黒ずんで少し破れたりもしているでしょう。これも、電子辞書にはできない技です。

繰り返しますが、今の世の中、何にでも有用性、即効性が求められます。それは、学問の世界でも同じで、目に見える何かを作り出す分野が優遇される傾向が、随分前から強くあります。多くの人に理解されるわけではないけれど、長い目で見ると社会にとって人類にとって大切なことや、心を豊かにするためのことは軽視されがちです。

ですから、辞書に線を引いたり、付箋を貼ったりする行為も、学習のためになるものとしか解釈されないこともあります。もちろん、繰り返し確認したいことば、多義的なことば、誤用の多いことば、そういったものを自分の手の届きやすいところに整理しておくという意味でも、しておいてほしいことではあります。しかし、それは自分にとって大切なことば、忘れてはならないことば、戒めであったり、励ましであったりしてもよいのです。

私が子どもの頃、活字は今よりずっと有難いものとして扱われていました。本も新聞も、踏んではいけないどころか、跨いでも注意されました。本に落書きするなんてとんでもないことです。とんでもないから、教科書に載った梶井基次郎についつい髭を描いてみたりする誘惑に勝てないのです。


小学生の頃に、先生から注意を受けました。

「辞書を汚してはいけません」

赤線を引いたからです。付箋が百円ショップで手軽に買える時代ではなかったどころか、大変高級で高度な文具だった頃です。今でもその単語が「佩刀」と「捏造」だったのは覚えていますが、何のためだったのかは覚えていません。大人の本を読むことに快感を覚えていた時期だったので、日本史に関する新書でも読んでいたのでしょう。


先生はそうおっしゃいましたが、私は辞書にはアレンジを加えてよいと思っていました。昔から、無益な争いを避ける主義だったので、その先生が担任の間は、それ以上書き込むことはしませんでしたが、誰にも咎められなくなったら、自分の好きなように使いました。

手を加えていくことで、便利になるのもさることながら、書店の辞書コーナーに山と積まれていた一番普及しているタイプの辞書が私だけものになっていくことが、嬉しかったのだと思います。

それは中学に入ると英和辞典にも広がっていきました。

本は大切にするもの、という気持ちは変わりません。しかし、どんなに綺麗でも使われない本に意味はありません。大切に使い続けるからこそ、汚れていくのは本にとっても嬉しいことだと思います。

余談ですが、かつてある雑誌の「私の一冊」というコーナーを執筆したことがあります。私が選んだのは幼少時繰り返し読んだ『風に乗ってきたメアリー・ポピンズ／帰ってきたメアリー・ポピンズ』の合冊でした。岩波書店から出されたものです。当時の児童文学によくある、ケースに入った持ち重りのする本でした。実物をお送りして、写真を撮っていただいたのですが、表紙でも奥付でもなく、ケースのちょうど指の当たる部分だけを撮ったものでした。黒ずんで、ぼろぼろになって、幾度となく出し入れしたことがよくわかりました。何度も読んだことと、私に限らない昔の子どもが本は読むたびに大切にケースにしまっていたことを、読み取っていただけたと思います。

書店で買われた本も、年月を経て、どこにもない私だけの思い出や思い入れを持った、世界に一冊しかないものになります。辞書も本も、そうすることで金銭的な価値を超えた「私だけの宝物」になるのです。

創作のための辞書

ことばには、正しく伝える機能と、豊かに語る機能がある、これは私の信念で、今までもこれからも繰り返していくと思います。日々の生活の中で意識されるのは、正しさです。日常の中でもSNSによる発信を多くしている人は、豊かさの部分も必要になってくるでしょう。これが上手な人は、本能的にことばのセンスが鋭い気もします。

豊かさが最も必要とされるのは、創作的な作業においてです。私は大学では「エッセイ創作」「小説創作」の授業を担当し、ゼミ生達は卒業論文として、小説を書きます。非常勤として卒業制作を指導したこともありますが、そこでは作品だけを書いていました。本務校では作品に関する小論文も付けます。それ以外にも、オープンカレッジや文化センターでも文章講座を持っています。

そこでお勧めしているのが、学研から出ている一連の小さな辞書のシリーズです。片手で持てる大きさで、数百円です。非常にコンパクトなものと、ひとまわり大きいもの、同じ内容と装丁で、二種出ています。私が愛用しているのは、『感情ことば選び辞典』『ことばの結びつき辞典』『難読漢字選び辞典』それに『和の感情ことば選び辞典』です。

学生には、安くて小さい方を勧め、社会人の方には目に優しい大き目の方をお勧めしています。当然、私も目に優しいものでないと困る立場ですが、持ち歩くことと、学生に現物を示すことを考えて、小さい方を使っています

教え子達にざっと聞いた限りでは、『和の感情ことば辞典』が一番使われているようです。ちょっと気の利いた表現をしたいときに、これを覗くと、知っているけれど自分からは使わないな、ということばが出てきます。感情に特化していますが、これも類語辞典の一種で、帯にもそう書いてあ

ります。

試しに「喜怒哀楽」の四項目を較べてみましょう。「喜」は「喜ぶ」と「嬉しい」の二つを調べます。

嬉しい＝七項目
喜ぶ＝十一項目
怒る＝三十三項目
悲しい＝二十五項目
楽しい＝六項目

圧倒的に「怒」が多いことがわかると思います。どうやら負の感情の方が、豊かな表現を持っているようです。「怒り心頭に発する」「腸が煮え繰り返る」は、今でも使われると思いますが、「色をなす」「目を三角にする」はどうでしょう。最近は、あまりお目にかからないようです。「頭にくる」の他に「鶏冠に来る」という表現もあります。「柳眉を逆立てる」は、主体を美しい女性に限定した怒りの表現です。創作のクラスに男子がいると、月に一度はヒーローが怒りに燃えて、「双眸に紅蓮の焔を燃やし」ますが、ときには「怒髪天を突い」たり、「烈火の如く」怒ってもよいと思います。

普通の『感情ことば選び辞典』ですと、熟語を幹として、カタカナ語、和語を中心としたやわらかい表現、オノマトペ、類語項目も入ってきて、一つの感情を表すのにさらに多くの表現があるこ

とがわかります。因みに、こちらの「怒る（怒り）」の項目は、

熟語　　＝三十一語
カタカナ＝一語（「ヒステリック」）
やわらか＝三十二語
オノマトペ＝七語

です。他方、「嬉しい」は、

熟語　　＝二十九語
カタカナ＝二語（「ハッピー」「ラッキー」）
やわらか＝十一語
オノマトペ＝四語

となります。「嬉しい」の方が若干少ないものの、大きな差ではないのに、なんとなく安心します。

そして、私としては、「ことばの結びつき」も重視して欲しいところです。このことばと、こちらのことばは、対になっている、一緒に使うのがお約束だ、という意識も希薄になっているように感じられるのです。もしくは、間違っている方が浸透していたりします。

「汚名」を着せられたら、損なわれた「名誉」を「挽回」したくなるかもしれませんが、まずは「返上」しましょう。

「鏟」を「踏ませる」のが好きな人は、「二の舞」も「踏ませ」がちですが、舞は「演じ」てください。

「天高く」これは、絶対に「秋」です。

「自分は春の空が高いと思うんで、自分が思うってことは、他にも思う人いると思うんで」と言っても通用しません。「天高い季節に、満開の桜の下、僕らは出逢った。」という文は不自然というより、どう解釈したらいいかわからないのでやめましょう。実際に、春の空はぼんやりとした薄い青であることが多いと思います。

これらの辞書の特徴は、紙媒体でないと成立しづらいところです。何十もの単語を一度に比較したいとき、あちこちをぺらぺらとめくって見たいとき、紙の方が圧倒的に使いやすいと思うのは、私より上の世代の特徴でしょうか。

創作に役立つ辞書なのですが、枕元にでも置いておいて、寝る前に一項目ずつ目を通してはいかがでしょう。ブルーライトではないので、今から就寝する目にも脳にも優しい習慣になります。バッグに忍ばせてちょっとした時間に目を通すのにもよい大きさで、多様な使い方ができます。ツイッターやラインの短文にも、気の利いたことばを挟めるように気をつけると、自然に語彙が豊かになります。豊かな語彙を手に入れたい、とは学生達もしょっちゅう口にしていることです。私の周囲の学生は、創作をしていたり、表現への関心が深いせいもあるかもしれません。

そして何より、目的のついでの寄り道がたくさんできます。

寄り道①

離陸と着陸

小説を書く私のゼミでは、創作に関する様々なトピックが活発に話し合われます。「タイトルの付け方」「登場人物の命名」「いつアイディアを思いつくか」といったシンプルなものから、「同性に交際を申し込んで、『他に好きな人がいるから』という理由で振られたときに、恋敵は同性・異性、どっちの場合がより悔しいか」といった一筋縄ではいかない問題まで、幅広く。

そこで頻繁に話題に上るものの一つに「プロットを書くかどうか」という問題があります。創作前に、設計図をどこまで書いておくかということですね。書く人がいて、書かない人がいて、「書かなきゃ駄目だ」と力説する人がいて。

私自身は、ほとんど書いたことがなく、そう言うと驚かれます。「（きちんと書く人だと思っていたのに）引くわー」と言われることもあります。

書かなかった理由は二つあります。一つは、私は重要なことは忘れないと思っており、メモ書きを残すことで、重要でないことをふるい落とせなくなるのが怖かったからです。書けるシーンから書く人もいますが、私は最初から書いていきます。書きながら考えるので、設計図は要りません。二つめの理由は、私が一番旺盛に創作に精を出していたのは、大学院の後期課程に在籍していた頃だった、という点に関係しています。世の中がバブルに浮かれていた時代ですね。原稿の締め切りと自分の研究と受ける授業の予習復習と教える方の準備とがぎっちり詰まったスケジュールではプロットを書く時間が惜しかったのです。

過去形になっているのは今は書いているからです。加齢により重要なことまで忘れるようになりましたので、書かざるをえません。今や必要な創作メモどころか、to do リストばかりが増え、そのリストをどこにやったかわからなくなるという体たらくです。

だからというわけではありませんが、昔の私のように「書かない」という拘りを持たない限り、学生達にはプロットを書いておくように指示しています。筋の通った文章を書くためには、入口と出口を最初に明確にしておくことが必要だからです。

慣れないうちは短い文章であっても、書いているうちにテーマがずれてくることがあります。長い文章ならなおさらです。自分は今、こんなことで悩んでいるという書き出しであるにもかかわらず、悩みへの対処や解決は何もないまま、友達と話したら楽しかった、というだけで終わったり、行方不明になった友達を探しに異世界に飛んだのに、お姫様を助けて結婚してハッピーエンド、あれ、友達は？　という結末に至ったりすることがあります。書いているうちに、最初のゴールを忘れてしまうのですね。

こうなっては、何のために書いているかわからないので、最初に設計図を書いておくことを勧めます。書き進むうちに計画が変わったら、書き直しましょう。書き直しているうちに、結末まで変わってしまうことがあるかもしれません。それはそれで大丈夫です。ただし、新しい出口がちゃんと入口と呼応しているかどうかは常に確認しておきましょう。

文章の出口と入口が大切なのは、内容の面だけではありません。小説やエッセイのような作品においては、冒頭の文章と結びの文章の表現がインパクトを持つことはとても大切です。エッセイ創作の授業のときなどに、「私の教えていることは、間違ってないのだなあ」と安心させてくれるのが、複数の創作関係の授業をとったことがある学生の、導入部分と締めの部分を描く技術の確かさです。時系列に沿った無難な書き出しではなく、読み手を世界に引き込む導入と、全体をまとめて、これで終わりだと宣言するような結末を、きちんと書けるようになっています。

始まりと終わりを丁寧に整えるだけで、文章の仕上がりは格段に良くなります。そこに「こう読ませたい」という意図が反映できるように心がけたら、より読み手にアピールできる文章にできるでしょう。

四　意味だけでは戦えない

Word / Sentence / Discourse

どの分野においても、専門家が日本語で言えばいいことをわざわざ英語で言っていると感じたことがあると思います。もちろん、「日本語で言えばいい」は外部から見てそう思うだろう、ということです。当事者は必要があるから日本語以外を使っているのです。

理由の多くは、日本語だと「この語がここからここまでを表しますよ」という範囲が、ぼやっとしがちだからです。

私の心理学での専門分野は、言語の発達です。次男が発達障害を持っているので、障害支援の仕事が主になっていますが、出発点はシンプルな言語発達の研究でした。

その分野の例を挙げてみましょう。それが見出しに使った三つの単語です。それぞれが、単語＝独立した一つの語。
文　＝複数の単語からなり、ピリオドで区切られる。ひとまとまりの意味を持つ。
文章＝複数の文からなる、一つのテーマについて述べている。

を意味しており、それらは、日常においてもあまり混用されないようです。

日本語で考えてみましょう。私達は「文」と「文章」を明確に分けて考えているでしょうか。国語で長文読解の問題を出すとき、出題文は「以下の文を読んで」でも「以下の文章を読んで」でも通じます。英語でも discourse や context ではなく sentences になることもありますが、複数の文ですよ、という違いが明確です。複数でありさえすれば sentences ですが、discourse や context であるためには、一連の意味があり完結しているものである必要があります。私は研究上では「文」は句点で区切られたもの、「文章」は複数の文の集まり、と定義して使っていました。

しかし、日常の中で区別して使わないので、学会発表においてさえ「文」と「文章」を言い間違え、「発表するなら研究者本人が定義を明確にしてからにしろ」と言われたものです。定義は明確にしていますが、口がついて来ないだけです、という前に持ち時間が終わって発表を打ち切られてしまいました。

このような状況になると、無理に日本語にしないで英語のまま使った方が、「業界用語」として有効です。無理に英語を使ってわかりにくくなることがあるように、日本語を無理に当てはめてもわかりにくくなることがあるのです。

ここに「ことば」「言葉」が入ってくると、ますます区別は曖昧になっていきます。前記の三つのすべてが、「ことば」で置換することが可能だからです。日常の言語において、word と language のどちらもが、「ことば」でありえますし、それでコミュニケーションが困難になるかというと、特に問題はありません。むしろ、定義を厳格に守ろうとするとコミュニケーションに支障が生じることになりそうです。

人間の行動を対象とする学問である心理学には、日常において「何となく」使われている単語を、研究用に改めて定義して使うことが多くあります。でも、改めて定義するより、英語で表現した方がわかりやすいこともしばしばです。日本語の論文なのに。定義は明確なのに。

それは、いくら「この研究においては、この単語はこういう意味にしか使いませんよ」と念を押しても、日常にある別の意味や使い方が邪魔をするからです。だったら、英語に置き換えた方がわかりやすいということです。

英語を日本語にするときに

言語発達の研究をする際、sentence が複数集まって一連の流れを持つものを私は discourse ／ context と表現します。discourse を『リーダーズ英和辞典』で引いてみますと、「対話・会話・論議・講演・論文」など、複数の文からなるものとしては、十四の訳語が示されています。他方の context は「文脈・前後関係・状況」という具合です。単純な「一連の流れを持つ文の集合体」として前者を使うのは妥当でしょう。後者の訳語として一番多く使われそうなのが「文脈」ですね。「語と語、文と文の論理的なつながり」という厳密な意味合いもあれば、「物事の脈絡・筋道」という、ざっくりとしたことを指す場合もあります。

一つ一つの単語の意味は、辞書を引けばわかります。ですが、それをつなげていっても文章にはならないこともあります。外国語の学習を想起するとわかりやすいと思います。

私は昭和五十年代に高校生活を送りました。当時の高校における教育は、今とは随分違っています。英語は長文を読んで理解する「リーダー」と、文法をシステマティックに学ぶ「グラマー」の二本立てでした。会話は学習に含まれませんでした。授業を英語で進行する先生もおられましたが、全然通じない生徒がいたり、生徒の方がまともに喋ってくれなかったり（能力の問題ではなく、同調圧力の問題で、人前で流暢な英語を話すのは、空気の読めない人のすることでした）で、結局日本語になってしまうことがほとんどでした。授業には予習が欠かせません。当てられたら、教科書の英文を朗読してから和訳するのがお決まりでしたから、ノートにしっかり訳文を書いておく必要がありました。これを忘れる、もしくは意図的にしない人もいます。それで授業を乗り切るには、他のクラスにノートを借りに行くか、その場で訳してしまうかです。

常に完璧な予習をしていたのに、いつもうちのクラスに「ノート貸して」と言いに来る友人に私のノートは不評で、「貸してあげる」と言っても断られました。「少なくともお前が書いたもんじゃない」と一発でばれるから、だそうです。私は在学中に作家になっていますから、滑らかな文章が書けていたとは思います。でも、それ以前に彼女の文章が直訳過ぎました。英和辞典の項目の、一番最初に出てくる日本語を、ほぼ語順通りに並べていくのです。例えば、"only one"を「唯一の一」とするような。一番直訳する生徒が、一番意訳する生徒のノートを借りたら、それはばれるでしょう。私のノートも意訳し過ぎて注意されることがありました。

その場で訳す場合はというと、わからない単語をすべてそのまま発音していました。「フロウする水の下には、シャイニーでクリスタルな白い石があった」（流石に、「水」「白」「石」はわかるという具合です。

いずれも、生徒の間では好評で、次はどんな珍文を繰り出してくるかと、毎回楽しみにされていましたが、先生が笑って許してくれなくなり、本人もこれはまずい、と感じ始めるし、そもそもの語学力も向上するしで、普通の訳文に収まっていきました。

さて、これらの文章の何が問題だったのでしょうか。先生の立場からすると、どちらも英語の学習に役立っていないことが問題だったのだと思います。が、日本語として不自然なのも事実です。

前者について考えてみましょう。一つ一つの単語が辞書の通りに訳されているのに、意味が通った文にならないのはどうしてでしょうか。それは、文脈に合ったことばを選んでいないからです。辞書に示された候補の中から、文脈に合ったことばを選んで、必要に応じてそれをも別のことばに置き換えることによって、日本語として不自然ではない文にすることができます。"Here you are."の和訳は、「ここはあなたです」ではなく、「ほら」とか「どうぞ」とか、前後の状況を見て、いくつかの候補から相応しいものを選び、初めて日本語として成立するのです。

日本でお馴染みの英語の歌も、元の詞が全然違う意味だということがあります。『線路は続くよどこまでも』の原曲は、働き続けた老機関士の歌です。一九九〇年代に「直訳ロック」を旗印にして「王様」という名のミュージシャンが活躍していました。洋楽の歌詞を直訳してメロディにのせて歌うのが売りで、「僕の側にいて」が、ほぼ定訳の「Stand by me」は「俺の横に立て」としていました。大好きでたくさん笑わせてもらいました。実力があって、原曲への敬意を忘れないから成立した作風です。同時に、歌を歌として成立させるためには、意訳したり、あえて違う意味にしたりする必要があるのだと、教えてくれた存在でもあります。

英語の発音をそのままカタカナにする、という後者はどうでしょう。

「だって、『ゴージャスでデリシャスなディナーをお楽しみください』とかいうじゃないですか。僕はハイセンスな文章を目指したんですよ」

との反論も、

「英語の授業なんだから、ちゃんと訳せ」

で済まされました。

「本当にわかった上で、ハイセンスな文章を目指してるなら、全部の単語、ハイセンスな日本語に訳せるよな?」

意味を置き換えただけでは、ことばにはなりません。では、何がことばをことばらしくしてくれるのでしょうか。

視覚と聴覚

翻訳でなくても、日本語と日本語を比較して取捨選択する際にも同様のことが言えます。自分が言いたいことを意味だけは合っている、という単語でつないでも、正しい日本語になるとは限りません。

文章は、目的や想定される読者層、雰囲気といった様々な要素を持っています。ここではこれらを context と一括りにしましょう。それらに合わせて、ことばを選びます。

まず、書きことばと話しことばについてです。これは、文語と口語の違いと混同されやすく、同一だとすることもありますが、厳密には異なります。

口語とは「話しことばと、それをもとにした書きことばを合わせた言語体系。現代語の総称」とされており、対する文語は「平安時代の言語を基礎にして発達・固定した独自の書きことば」となっています。つまり、現代語はほとんど口語です。そして、これは国語学の守備範囲にあることだと思うので、門外漢の私は、書きことばと話しことばで、考えていきたいと思います。

書きことばと話しことばは、シンプルに「視覚言語」と「聴覚言語」として分けられます。これに「表出系」「受容系」をかけて、言語の四技能のうち、「書く・読む」が書きことば、「話す・聞く」が話しことばとなります。

発達の面から考えると、子どものどの器官のどの機能が働くかが問題になるので、行動のみで分類ができます。初期の言語はコミュニケーションにより発達しますから、話しことばから始まります。発話の出現には大きな個人差があり、平均より遅いからと言って、慌てることはありません。しかし、書きことばが先行すると心配になります。

「あるんですか?」と訊かれることもあります。あります。発話がないのに、単語を文字の積み木で正確に作ったりするのは、書きことばの先行です。私が次男の障害に気付いたポイントの一つでもあります。

しかし、文章そのものについて考えるとき、「書くから書きことば」「話すから話しことば」という分類は乱雑に過ぎると感じられます。例えば、ニュースの原稿などは、本来なら視覚言語として読まれるべきものを、代替してアナウンサーが読み上げているものであると、考えられるからです。実際に、ニュースを読み上げるような語調で話す人はいませんよね。

同時に、漢字表記が示される視覚言語では同音異義語に対する配慮は不要ですが、聴覚言語では必要になってきます。テレビのニュースでは、原稿を読み上げるのと同時に文字でもテロップなどが示されることが多いのですが、ときには生放送の番組で、緊急ニュースがアナウンスされることがあります。

一九八七年二月にフィリピンでクーデターが起きたとき、私はその場面に遭遇しました。大学生になっていたので、二月にはもう春休みです。自宅で昼食を終え、バラエティ番組を見ていたら、緊急ニュースだとスタジオにアナウンサーが登場し、「ショウカキ」による市街戦が起きている、と報告しました。

これを耳で聞いたとき、あなたはどのような場面を思い浮かべるでしょうか。はい、多くの方が想像したであろうシーンを私も頭に描きました。番組の司会者もそうだったようです。

どうして、消火器なんか使うんだろう。

後に、番組内で「小火器」つまりは火器のうちでも比較的軽量の武器のことだと解説がありました。普段使っている人には通じますが、聞き慣れていないと咄嗟には「小火器」には変換できません。聴覚だけで処理されることを失念した例です。また、文脈にぴったりはまる上に、コミカルな絵面になる同音異義語があったことも災いしました。「消化器」では、まったく意味が通じませんが、「消火器」だと泡だらけの街が見えてしまいます。書きことばを話すときには、聴覚で処理されていることを忘れてはいけないのです。

現在では、SNSなどでの発信において、逆の配慮が求められます。話している感じで、文章を綴るので、変換ミスの可能性が出てきます。厄介なのは、先ほどと同じく、ミスをしても文意が通じてしまう場合です。

創作においても、変換ミスによってそこまで培ってきた作品の雰囲気をぶち壊しにすることがあるので、気をつけるよう口を酸っぱくして注意しています例えば、「この街には、夜ともなれば悪い奴らが徘徊しているんだ、気をつけな」が「俳諧しているんだ」になっていたりします。見た感じも似ているので、本人は指摘されても気づけず、「風流か」の突っ込みに首を傾げてしまうことになります。それまでの、ハードボイルドな作風が台無しです。

高度な変換ミスとしては、授業に遅刻するかもしれないと言っていたゼミ生からの「電車マニア移送」というラインがあります。学生の提出物を多く読んでいると、大概の変換ミス・タッチミスは読み解けるものですが、これは少し時間がかかりました。「電車、間に合いそう」だから遅刻しなくて済みそうだということですね。

ことばは音声と文字からできており、日本語は同音異義語が多い言語です。

ここでも、正しい意味以外に、正しく伝えるための配慮が必要になってきます。

寄り道②

話しことばと書きことば

次の例文を読んでみてください。

人事院による再三の大幅賃上げ勧告にもかかわらず、今期の国家公務員給与平均額の上昇はちょっとだった。

違和感がありますよね。文脈が書きことばなのに、「ちょっと」だけが話しことばだからです。日本語は話しことばと書きことばがそれぞれ専用の語彙を豊富に有していて、そこから外れる語を用いると文章の中でかなり浮いてしまうことがあります。文体による規制力は、文法による規制力と同等程度に働くからです。

話すときの日本語、すなわち話しことばは日常生活の会話の中で毎日使います。ですが、抽象的な思考をまとめて文章に書き記す文章、つまりレポートや卒業論文、社会人としての企画書などの書類に書き記す文章は書きことばに統一することが求められます。話しことばを書きことばに変更する練習をしておきましょう。

問　次の各文の傍線部を書きことばに書き換えてください。

①でも、確かに英語教育は大事だと思う。
②なので、私としては賛成だ。
③Aは、Bよりもちょっと件数が多い。
④Aは、Bよりもとても件数が多い。
⑤社会保障費の急増に対し、政府は対策しなきゃいけない。

①の「でも」は「しかし」がまず思いつくでしょうか。この問題は一語のみが唯一の正解ではありません。なるべく様々な語を思い浮かべた上で、それぞれの違いも考えてみてください。例えば、他に「だが・しかしながら」などです。「しかし」に比べて、「だが・しかしながら」はさらに文体が引き締まります。文末の「思う」も筆者個人の主観を示す形式であり、話しことば的です。「しかしながら、確かに英語教育は重要だと考える」くらいにしましょう。

②「なので」も、若い世代の発話ではよく使われる接続詞ですが、書きことばとしては不適です。書きことばにするとしたら、「したがって・よって・ゆえに」。「したがって、筆者としては賛成だ」などとなります。レポート文中で書き手のことは「筆者・稿者」にしましょう。

③は、「わずかに・若干」。

④は、「非常に・大変・相当に・極めて・著しく」。たくさんありますね。

⑤は、「対策しなくてはいけない」。文末の縮約形は非縮約形に戻します。より文体を引き締めようとすると、「対策しなくてはならない」。実際の文章では、視点を変えて「対策することが求められている」なども使えます。

言外の意味を知る

難しいことばの意味をしっかり知って、適切に使うことは大切です。しかし、ことばの伝統を大事にしようと言うならば、新しいことばも軽視せず、意味をきちんと知った上で使った方がよいでしょう。

授業中にことばの使い方を間違えた経験を尋ねたことがあります。敬語の間違いや、読みの勘違いがほとんどですが、それ以外の例としては、以下のようなものがありました。

①「女々しい」を「女らしい」だと思って、褒めたつもりが怒らせた。

②自分の長所として「文学に造詣が深い」と言ったら、自分で言うものではないと窘められた。

③「私、気さくな人なんで、気軽に話しかけていいよ」と自己紹介したら、「上から何様だ」と反感を買った。

①は辞書に「男性に用いる」と明記されていることも多いので、明らかな誤用です。男性を貶める表現として「女」を用いるのは、今日的ではありません。あまり使われなくなったとは言え、「女の腐ったの」という表現も健在です。男性が自らを自虐して「女々しくて」という歌がヒットしたりもしましたので、今後はこういった誤用が少なくなることでしょう。もともと、彼女だけの誤用だったのかもしれませんが。

②は「自分に使ってはいけない」というルールはありませんが、謙譲を美徳とする日本人にはそぐわないでしょう。「興味を持っており」くらいにしておいた方がよいと思われます。

③は「気軽に話しかけていい」という許可が、「本来なら気軽に話しかけてよい人ではない」という前提で下されているので、「何様だ」となるわけです。「気さく」も「もっと偉そうにしていてもいいんだけど、親しみやすく振る舞っている」という意味で使われることが多いので、学生の自己紹介には相応しくないと取られるのかもしれません。

①は明らかな誤用としても、②や③は意味的に完全な間違いかというと、そうとも言えません。使うべき状況や相手を見極めていないのです。

同様に新しいことばでも、ニュースを聞いたり読んだりしていて、「うまく使えてないなあ」「わかんないのに使ってないかなあ」と思うこともあります。

私自身、作家志望者を「ワナビ」と言うんだと教えられて、ラノベ作家志望のゼミ生達を「うちのワナビくん達」と呼んでいた時期もありますが、どうやら蔑称であること、つまり「お前なんかにはなれないよ」との意味合いを含んでいることがわかって、使わないようにしました。ちょっとした表現にいちいち口煩くするのも、「ほんとにわかってんの」と繰り返すのも、「なれるならなってほしいから」だったので。


ことばには様々な側面があります。多くの手札を持ち、臨機応変にそれらを出していくことで、よりスムーズなコミュニケーションが可能になります。辞書を使いこなすことが、重要なのはもちろんですが、「だって辞書に書いてあるもん」が必ずしも錦の御旗になるとは限りません。

直感的に、正しい・正しくないと感じる力は大切ですが、前提として、その「正しい」を共有できる人が、ある程度存在することが必要とされます。この力は「ことばのスキーマ」であるとも言えます。「ことばとは、こういうものである」という枠組みです。

そのスキーマを培うのは経験です。多く読み、多く書くことで、自分の思っていることを、ことばに置き換える力は強くなります。


さて、ここまでは手持ちのことばを辞書を使って強化することを考えてきました。

次は、より的確な表現のために、積極的に手持ちのことばを増やすことを考えましょう。

第二章　語彙を増やそう

一　「語彙」を知っていますか

「語彙が欲しい！」

私のゼミでは、毎週一人が作品を発表します。同時に、その日の授業九十分を仕切ります。その方法は発表者に任されます。

とは言うものの、毎回全然違うパターンで授業が展開されるわけでもなく、学年ごとに一定のパターンが形成されることになります。作品に対する評価や意見を訊くことはほぼ必須です。中には、感想は後で紙に書いて欲しい、この点について意見を優先したい、という学生もいます。批判されるのが嫌で、九十分間の半分を講義に費やした男子もいましたが、後半大炎上して延長授業になりました。

良い意味のときと、悪い意味のときがありますが、語るべきことが多過ぎて感想を言うだけでも時間が足りなくなることもあります。しかし、多くの場合、合評だけでは時間が余るので、いくつかの質問やテーマを投げかけて、意見を交換することになります。

その際に、毎年出てくるのが、

「みなさんは、語彙を増やすために何をしていますか」

という質問です。また、作品に対する意見の中にも、語彙に触れるものは必ずあって、豊かであると感服したり、繰り返し同じことばが出てくることが指摘されたりします。

創作する多くの学生達にとって、「語彙が欲しい！」は、共通の悲願のようです。そう思ってもらわないと困ります。でないと、実際に語彙は増えませんから。


記憶をたどってみると、私は「語彙」より早く「ボキャブラリー」ということばを使っていたように思います。小学校の高学年くらいです。どこからそんな単語が小学生の生活に入ってきたのかというと、少女マンガからだったのではないでしょうか。大島弓子・清原なつの・倉多江美といった抒情と哲学を併せ持った作風のマンガが流行った時期がありましたし、優れたマンガ家はことばの選択にも優れたセンスを発揮するものです。「レゾン・デートル」も「アンシャン・レジーム」も初めてお目にかかったのはマンガでした。

日本語では「語彙」というのだ、こんな字を書くのだ、が後発です。それまでに見たことがない字だったので、漢和辞典で確認しました。「彙」を使う他の熟語もありましたが、私が一生使わないであろう単語ばかりでした。

こんなふうにして、私は「語彙」という語彙を獲得したのです。とはいきませんでした。

語彙とは何か

もちろん「語彙」の正しい意味も調べます。ボキャブラリーも語彙も、物語の中ではあまり豊富な方に語られることがなく、むしろ貧困であるとして、それが自己の劣等感であったり、他者を見下げる理由になったりすることが多かったのです。だから、まあ、知識のようなもの、というイメージで捉えていました。

実は、それが曲者です。

「語彙」とは、「一つの言語の、あるいはその中の特定の範囲についての、単語の総体。また、ある範囲の単語を集めて一定の順序に並べた書物。」と記されていました。この記述は『広辞苑』のものですが、個人の持つことばの能力については、何も触れられていません。当時の私も、当然別の辞書ですが、こういった類の記述に会い、戸惑いました。

ですが、私の読む書物の中では、「個人の持つことばの（数的な）豊富さ」という意味で使われているようです。どう考えても書物ではありません。そういうことにしておこう、ということで、それ以来、調べることなく「語彙 ＝ 手持ちのことば」として使ってきました。

では、改めて『精選版 日本国語大辞典』を見てみましょう。括弧に入った注釈や用例は省いて、シンプルな語意にあたる部分だけを抜き出すと以下の三種が挙げられています。
①単語の集まり。一言語の有する単語総体、ある作品に用いられた単語の総体、ある領域で、またはある観点から類集された単語の総体など。単語を集合として見たもの。
②一定の順序に単語を集録した書物。
③ある単語の集まりに属する単語。用語。
どうしましょう。私が日常で使っている用法は、ここにもありません。こういうときに頼りになるのが『明鏡国語辞典』です。
①ある言語体系・地域・分野・作者・作品などで用いられる語の全体。また、それを収録して配列した書物。
②ある人が用いる語の全体。
二つの辞書で「しゅうろく」の表記が「集録」「収録」と異なっていることにも、趣があります。ようやく出会えました。②の用例として「―（＝ボキャブラリー）が豊富な人」が挙げられていますから、これで一安心です。

ポケットの中には

どうやら私が、そして私の教え子達が使っていた「語彙」という単語は、国語学的には正統派ではなかったようです。しかし、こうして確認したことで、私の使う「語彙」のイメージも、より具体的に固まってきました。

書物の方の「語彙」を説明するにあたって、「一定の順序」「配列」ということばが登場します。ここにある単語は、ルールに従って分類されているということがわかります。

私達の頭の中の語彙も、きちんと分類、整理整頓されている必要があるのです。先に述べた通り、意味だけが合っていたら、それでよいというのではなく、こういう状況でこういう意味を伝えたいと思ったら、この単語を使うのだ、という具合です。

部屋で探し物をするときをイメージしてみましょう。ごちゃごちゃと積み上がった知識の山を、いちいちごそごそと探って、目的のものを探すのは、実に要領が悪く、非効率的です。ものを探すことを、「発掘調査」と称するような家に住んでいる私は、切実に思います。ついでに、ものを積み上げているのは、私ではなく夫です。

欲しいときには、すぐに手に入れたい。私は、分類することを「ポケットに入れる」と言っています。頭の中に、様々なポケットを作って、必要に応じた分類ができるようにしたいのです。

小説やエッセイを創作するケースを想定してみましょう。「口語のポケット」と「文語的表現（完全な「文語」は、おそらく使われないので）」を違うポケットに入れておきます。そうすれば、「気軽に語るべきところで、持って回ったご大層な言い方をしてしまう」ことや、「ここは、大時代な言い方をして重みを印象付けたいのに、軽くなってしまう」ことを回避できます。何より、文章に統一感を持たせることができます。意図せず、文章のバランスを崩すという失敗を回避することができます。論文やレポートを書くときに、避けるべき表現を一つのポケットにまとめておくのも便利です。

新人作家だった時代（デビュー後何年まで、もしくは何作までを、そう呼ぶべきかはわかりませんが）、私は「方言のポケット」を意識して使っていました。当時の私は、自作の小説の舞台を名古屋に設定し、登場人物に名古屋弁を喋らせていました。しかし、三人称で書くスタイルでしたので、地の文で訛ってはいけません。にもかかわらず、地の文に方言を入れてしまうことが多々ありました。方言だとは思っていなかったからです。デビュー当時の私にとって、一番衝撃的だったのは学校の休み時間を表す「放課」という一般的な日本語はない、と言われたことでした。地の文にあった、「放課」および「昼放課」は、「休み時間」「昼休み」に変更されました。私は納得がいきませんでした。

「放課後って言いませんか？『放課後』って映画、ありましたよね。井上陽水が主題歌歌ってたの」

「放課後は言いますよ。でも『放課』は違います」

「放課後があるんなら、放課もありますよね。課題から解放されてる時間は放課じゃないんですか」

「『放課』っていうのは、その日の課業が終わることです。時間にしたら一瞬です。例えば、三時までが授業時間だったら、三時ちょうどの一瞬で放課が完了して、その後の時間は放課後なんですよ」

小学校入学以来、放課放課と言い続けてきた私は、それでも未練たらしく辞書を引いたのですが、当然、「その日の課業が終わること」としか書いてありませんでした。当時、この言い方が存在していたら、私は天を仰いで呟いていたでしょう。

「マジか」

「マジ」という表現は存在していましたが、「真面目」を省略したものでしかなく、「現実」「事実」という意味は、まだなかったと記憶しています。

ここで私は、以下の二点について反省しました。

一点目は、なんの根拠もなく、自分の知識に自信を持っていたけれど、自分は何も知らないただの子どもだと肝に銘じよ、ということです。要は、自惚れるなと。

二点目は、変わりえるものに関する議論は有用ですが、既にあって変わらないものに関して異論を唱えるのは屁理屈で、なんの役にも立たないのだという認識です。数十年後に、男子学生の屁理屈に疲れ切って、女子大学の教員を天職と定めるとは、想像もできなかった日のことです。

以降、教室の机を移動させることは「吊る」（家庭のものに較べて小型なので、手で吊り下げるようにするからでしょうか）と言わないんだとか、「だだくさ」は「雑」と表現すべきなのだとかは、反論することなく受け入れました。方言のポケットには、今でもときどき、新たな単語が引っ越してきます。

逆パターンもあって、

「尖っている鉛筆を『とっきんとっきん』と表現したのは、センスありますよね」

と言われて、折角お褒めいただいたのに、

「尾張では普通に言います」

となったこともあります。おそらく、「尾張」という言い方も、他の地方の方からすると、時代がかった馴染みのない表現でしょう。東海地方では、天気予報で普通に「尾張・三河」「美濃・飛騨」を使います。

徒らに語彙を増やしても、豊かな表現には直結しません。ことばのポケットを作り、必要に応じて出せることばを用意しておくことで、それが叶うのです。

今度はポケットを整頓する

こういった話をすると、「すべてのことばを、そんなにきっちり分類できない」と反論されることがあります。その通りです。分類には複数の軸があって、それに応じて一つの単語が複数のポケットに入ります。

その軸は、例えば「誰が読んでも良い／特定の読み手に限定する」であったり、「目上の相手に使える／使えない」であったりします。独立したポケットもあります。先ほどの「方言」のポケットもそうですし、専門用語のポケットも独立しています。私の場合は心理学の分野でしか使わない、もしくは特別な使い方をする単語を「心理」ポケットに入れます。「新語」ポケットも必要です。誰もが知っているとは限らないことを意識して使い、なおかつ常に入れ替えをしておくポケットです。すぐに使えなくなったり、気が付くと定着していたりします。学生達には「ネットスラング」のポケットを作ることを推奨しています。私の周囲には、いわゆる「オタク系文化」に強い子が多く、ネットスラングを多用します。それらの中には、大部分の人にはわからないだけでなく、大きな声で言って欲しくないことばも含まれていることを忘れないで欲しいからです。

例えば、小説やマンガが映画になった際に、原作の雰囲気を大きく損なうようなことをネット上では「原作レイプ」と言います。そして、それは頻繁に起こることなのでついつい論じたくなるものですが、「レイプ」という単語は、軽々しく人前で口にするものではありません。あなたにとっては馴染みのあることばかもしれませんが、それほど浸透していないので、使い方を間違えないでね、文字言語と音声言語は、与える情報は同じでも、印象は異なるのですよ、ということばのためのポケットです。こういうところに、まとめて入れておくと、うっかり使ってしまうこともありません。

そのポケットの軸に、加えてもらうと実に便利な概念があります。その単語の由来に関する軸です。これを知っておくと、「こういった目的のときには、どのことばを使えばいいのか」という問いに、答えを導きやすくなります。同時に、日本語とはどのようなことばなのか知ることもできます。

二　和語／漢語／外来語

「語種」を知っていますか

日本語には、ことばの出自による分類、すなわち「語種」という分け方があります。語種は、大きく「和語」・「漢語」・「外来語」に分けられ、これらのうち複数からなる「混種語」もあります。外来語はあくまで日本語であって、外国語ではありません。

漢語も広い意味で外来語の一種なのですが、他言語と比べて中国語は日本語に流入した時期が古く、しかも及ぼした影響があまりにも大きいので、通常は外来語とは分けて考えます（ただし「老酒《ラオチュー》」「麻雀《マージャン》」「上海《シャンハイ》」など、近代音を含む語は外来語の扱いになります）。

日本語の漢字には音読み／訓読みという分け方がありますよね。勘の良い方はすぐ気が付くと思いますが、音読みする語が漢語、訓読みする語が和語ということになります。「父母」と書いて、「フボ」と読めば漢語ですし、「ちちはは」と読めば和語です。同じように、「春夏秋冬」は「シュンカシュウトウ」と読めば漢語、「はるなつあきふゆ」は和語となります。

同じ表記に対して複数種類の読み方（単語）が存在しているのは、日本語独自の事情によります。

アメリカの文字研究者であるスティーヴン・ロジャー・フィッシャーは、その著書『文字の歴史』の中で、漢語の日本への流入について次のように述べています。

日本の状況は、文字が言語に与えた影響が、歴史上最も大きかった例である。日本は中国と国境を接しているわけでもなく、中国からはるばる訪れる者もこれまでごくわずかで、中国は日本への侵攻にも一度として成功していない。だが今日の日本語語彙の半分以上が、借用された中国語（中国語を日本語の音韻体系に組み込んだもの）である。これは日本語に対する中国の大々的な影響が、ほぼすべて文字という媒体のみを通じてなされたことを意味する。人類史上、他のどの言語にも起こらなかったことである。

スティーヴン・ロジャー・フィッシャー著、鈴木晶訳『文字の歴史』（研究社、二〇〇五）

日本語は過去、漢字を媒介手段にしたことで、日本語という言語の枠組みを残したまま、大量に外来言語（中国語）を取り込むことに成功してしまいました。

ニュアンスはより細やかに

歴史的長期間にわたって漢語という語彙の層が日本語の中に流入したことによって、また近代化以後には多くの西洋の言語を取り入れたことによって、日本語は一つの概念でも複数の言い方ができるという現象が大規模に生じました。次の例を見てみましょう。

気持ち―意識―マインド
珍しい―稀有《けう》―レア
やめる―禁止―ストップ

それぞれ、和語―漢語―外来語の順です。「気持ち―意識―マインド」について、日常の会話で「本人の気持ちに立ってみよう」とは言いますが、「本人の意識に立ってみよう」や「本人のマインドに立ってみよう」とは言いにくいですよね。逆に、「消費者マインド」「消費者意識」とは言いますが、経済の議論をしているときに「消費者の気持ち」だとやや不適な感があります。

「珍しい―稀有―レア」についても、「彼女は歌手として稀有な存在だ」とは言いますが、「彼女は歌手としてレアな存在だ」や「彼女は歌手として珍しい存在だ」だと、〈特異な「優秀さ」〉という意味が薄れてしまいます。

さらにもう一つ。誰かに何かの行為をすぐにやめさせたいとき、「やめる―禁止―ストップ」のうちどれを使うでしょうか。相手との関係や発話の場面にもよりますが、「やめろ！」と言われるよりは「ストップ！」のほうがきつくないかもしれませんね。語種の選択は相手とのコミュニケーションに深く関わってきます。

右において、それぞれの語は文体やまとわりつくニュアンス、微細な意味領域に違いがあり、それぞれが互いに日本語語彙の成り立ちを構成しているのです。

次の語はどうでしょうか。

運転手―ドライバー

「運転手」は漢語、「ドライバー」は外来語です。「タクシーの運転手」や「タクシーのドライバー」は言えますが、電車や地下鉄を走行させるのは「ドライバー」ではなく「運転手」や「運転士」でしょう。飛行機やヘリコプターを飛ばす人も「ドライバー」とは言えません。「操縦士」や「パイロット」となります。

語種の違いは、時にニュアンス以上の意味差を伴います。

外来語は原語を好む?

ことばのニュアンスや意味差が大きく関わる語種ですが、「おしゃれさ」や「雰囲気」も重要な要素となります。

ピザ ― ピッツァ

ゼリー ― ジュレ

たまねぎパン― オニオンブレッド

近年、外来語も英語由来のもの一辺倒ではなく、英語とは別の言語に由来する言い方が好まれているようです。イタリア料理専門店では「ピザ」ならぬ「ピッツァ」の表記が目に付きますし、デパ地下のおしゃれなスイーツ店やサラダ専門店では、「ゼリー」ではなくフランス語由来の「ジュレ」が多く使われるようになってきました。ただ、文字表記の面で使われるということと実際の音声発話で使われることとは別のようです。メニューの表記では「ピッツァ」を多く見かけるものの、友達との実際の会話で「ねえ、今度あそこのイタリア料理屋さんで『ピッツァ』を食べに行こうよ」と発音するかどうかは別問題です。「ヴァイオリン」も、表記自体はよく見かけますが、日本語母語話者で忠実に「ヴァ」の発音をしている人は少ないと思われます。

ともあれ、「たまねぎパン」よりも「オニオンブレッド」と命名したほうが売れるかもしれない、いや、「たまねぎパン」のほうがほのぼのとした感じがして親しみがわくかも……など、命名は売り上げ、すなわち経済活動に直結する問題でもあります。

ことばの三世代同居

しゃれこうべーどくろースカル

チョッキーベストージレ

こうして新しい単語がどんどん生まれて使われていくようになると、同じものでも世代によって使うことばが異なってくることがあるようです。若い世代にとって洋服に骸骨マークがついているデザインは珍しいことではないようですが、若者がこれを「スカル」と言い、母親が「いや、『どくろ』でしょ?」と言い、祖母は「いや、『しゃれこうべ』や」と返す、という笑い話も聞きます。

同じような話は、「チョッキー ベストージレ」でも起こっています。

新しい外来語が必ず古い外来語を駆逐するとも限りません。例えば英語の「stick」は「スティック」（＝棒状のもの）と「ステッキ」（＝杖）に、「truck」は「トラック」（＝貨物運搬用の自動車）と「トロッコ」（＝主に土砂運搬用の小型貨車）にそれぞれ意味分化し、そのまま日本語語彙として定着しました。

このように、別の語形が意味分化した結果そのまま別単語として浸透することもありえます。一方、「スカル」や「ジレ」などの新出の外来語は使用層が広がりきらないままやがて使われなくなり、いつの間にか日本語語彙からは姿を消す、という可能性も考えられます。

勢力の攻防、ザ・語種対決

それでは、語種の勢力は近年どのように変化しているのでしょうか。国立国語研究所が一九五六年発行の雑誌九〇種を対象にして行った大規模調査の結果は、次のようになったそうです。

【異なり語数】

①漢語　四七・五％
②和語　三六・七％
③外来語　九・八％
④混種語　六・〇％

【延べ語数】

①和語　五三・九％
②漢語　四一・三％
③外来語　二・九％
④混種語　一・九％

国立国語研究所『現代雑誌九十種の用語用字分析』（国立国語研究所、一九六四）による

「異なり語数」は種類別の語数、「延べ語数」は用いられた度数としての語数ということです。異なり語数と述べ語数とで和語と漢語はトップの座が交代していることがわかります。漢語は、異なり語数ではトップですが延べ語数では二番手。逆に和語は延べ語数ではトップですが、異なり語数では漢語に及びません。つまり、和語と漢語を比較すると、和語は同じ単語を何度も使い、漢語は逆に低頻度で単語の種類数を多く使う傾向にあるということがわかります。

このような調査が、同じく国立国語研究所から約四〇年後にも行われました。一九九四年発行の雑誌七〇誌を対象とした、語彙調査です。結果は以下のとおりでした。

【異なり語数】

①漢語　三五・五％
②外来語　三〇・七％
③和語　二七・七％

④混種語　六・一％

【延べ語数】

①漢語　四五・九％

②和語　四一・五％

③外来語　一〇・七％

④混種語　二・〇％

山崎誠「語彙の量的構成」（斎藤倫明編『講座言語研究の革新と継承1　日本語語彙論Ⅰ』ひつじ書房、二〇一六）による

一九五六年時に比べ、外来語は異なり語数で和語を押しのけ第二位の座に躍り出ました。延べ語数でも、順位こそ相変わらず第三位であるものの、伸び率は八パーセント程度と、大躍進のようです。

意味がわからなくなるよりも……

二〇二〇年三月、全世界的に流行する新型コロナウイルスの報道に関して、時の河野太郎防衛大臣がツイッター上で「クラスター　集団感染、オーバーシュート　感染爆発、ロックダウン　都市封鎖　ではダメなのか。なんでカタカナ?」（原文読点なし）と苦言を呈したことが話題になりました。日頃聞き慣れない外来語を使うことでよりいっそう危機感を持たせるという効果はあるのでしょうが、確かに高齢者などにはわかりにくい言葉です。

「インタラクティブ」「ボトルネック」「キャピタルゲイン」は、現在企業では多く使われていますし、これらの語がもはや〝常識〟となっている場もあることでしょう。ですが、使わない人にとっては内容ができずイラッとしたり、コミュニケーションの阻害要因になりかねません。それぞれ「双方向的」「障壁」（あるいは「支障」）「資産益」でも十分意味は伝わります。「パラダイムシフト」も、イメージとして直感的に感覚を伝えるにはとても便利な言葉ですが、「枠組みの転換」でも意味を伝えられます。

今、自分の発話は誰に向けて話しているのか、どうとらえてほしいのかを意識しながら、相手によって使う語を選択できると、ことばの世界はよりいっそう豊かさを増します。

三　「読める」と広がることばの世界

読めてるつもり

子どもを三人育てると、それぞれに個性があるのは当然です。文字への興味にも当然個性はあり、長男と次男は教えなくても読めるようになりましたが、長女には教える必要がありました。次男は自閉スペクトラムで、文字に対するこだわりが強かったせいです。むしろ、読字が発話に先行したことが、障害の発見につながりました。長男にもその傾向があります。ちゃんと教えなければならなかった長女の方が定型的な発達をしていたのでしょう。

そんな長女が文字を読めるようになると、読めない漢字を適当に読むようになりました。大きくなったら、わからない漢字は調べてもらいたいものですが、小さい子どものうちは、文脈に合った推測をして、読みを自分で当て嵌めるのは、ことばのトレーニングとして有効です。彼女が五歳くらいの頃のことです。読めるようになると、目に入る文字を声に出して読むのを楽しむようになるのは、珍しくありません。ある日、彼女は家の近くにある大学の駐車場に、こんな看板を見つけました。

「無断駐車《むだんちゅうしゃ》は固くおことわりします。」

ふり仮名もそのままに再現してあります。これだと、彼女に読めないのは「固く」の部分だけです。「おにぎり」「くすり」「まんじゅう」と、道にある看板やらチラシを音読していった彼女は、大物の出現に嬉しそうにして、読み上げました。

「むだんちゅうしゃは、かるくおことわりします」

変換ミスに関するところで、シンプルなミスで済む場合と、洒落にならない場合がある、と言いましたが、この手のミスにも同じことが言えます。ここでは、一文字違いで意味が正反対になってしまいました。これは、文脈から判断した例ですが、小さい頃の私は単独の熟語をめちゃくちゃに発音していました。「軽食」を「かるしょく」、「八百屋」を「はっぴゃくや」といった具合です。

子どもの間違いは、微笑ましいですし、正してあげたらよいのです。漢字が読めることを褒めつつ、訂正できたらさらによいでしょう。学習を促進するのに一番効果的なのは、正のフィードバックです。

でも大人になったら、笑いごとではないので、読み間違いはしないように自衛しましょう。わからないときは調べます。普通に生活していて、読み方の見当がつかないような漢字に行き当たることは、それほどありません。音読みか訓読み、どちらかを知っているので、読めるつもりで読んでしまいます。「白身魚」を「しらみざかな」と読んでしまうと、痒くなりそうで食べたくありません。また、見慣れない字はよく似た形の、より親しみのある漢字に置き換えてしまいます。「コロナ禍」を「コロナうず」と読んでいた人に、私は複数会っています。

夫は私より年上ですが、敬語と漢字に弱い人です。「淡々」を「あわあわ」と読み、「無粋」を「ぶいき」と読みました、お恥ずかしい。

しかし、これは完全に間違いでもありません。「不粋」と書いて「ぶいき」と読む単語は存在します。近年、有名人のことばの誤用に世間は厳しく、すぐに炎上騒ぎになりますが、実は読みの懐は結構広いのです。そして、深いから難しいのです。間違えたり、間違っていないのに間違っていると言ったりして、恥をかかないように、「読み」の枠組みについて考えていきましょう。

熟語の読み方

大学時代、私は弓道部に所属していました。イギリスから留学してきた部員もいて、よく日本語の難しさというか、「なぜ日本語はこうなんだ」という問題を投げかけられました。その一つに、

「一つの漢字の読みが複数ある上に、使い分けに明確なルールがない。ついでに、ありえない特殊な読みが存在する」があります。住んでいる人にしか読めない地名、親にしか読めない人名、漢字が三文字あるのに読みは二音しかない「香具師」、どこをどう読めばそうなるのか見当もつかないのに何故かみんなが読めてしまう「服部」、同じ漢字で書くのに読みも意味も二種類ある「大人気(だいにんき・おとなげ)」や「最中(さいちゅう・もなか)」、指摘されてみれば、日本語を読むとはなんと厄介な作業なのでしょう。

漢字の読みには、音読みと訓読みがあることは小学校で習います。本章第二節の和語と漢語について思い出してみましょう。和語は訓読み、漢語は音読み、ざっくりとそんなイメージでとらえることができます。

熟語を音読みすることなしに、現代の日本語は成り立ちません。逆に言うと、音読みする熟語を避けると、時代がかった表現が可能になります。

例を挙げると、「連絡してください」と言う代わりに、「知らせておくれでないか」とするなどです。私は時代物では専ら市井の人を書くのでこうなりますが、武家の言葉であれば、「注進致せ」となります。「侍の命」と言われる刀も、「腰のもの」「大小」「段平」と言い換えることで、発話者の立場や性格を表すことができます。

熟語は音読みを重ねるものがほとんどですが、訓読みを重ねることもあります。「青空」「砂山」

「石頭」といった具合です。原則として、同じ種類の読みを重ねます。高校時代、焦ると漢字の読みを間違えるというマンガのキャラクターのような友人がいて、遠方での試合の帰りに『チカテツデングルマ』の時間がわからん」と、こっちはあんたの言ってることがわからん、という状況を作り出していましたが、これは「きんてつでんしゃ（近鉄電車）」のことです。彼女は「紅茶」を「べにちゃ」、「入口」を「いりろ」とも間違えたので、音読みは音読みに、訓読みは訓読みに、というルールを教えました。焦っているときに、音読みも訓読みもないと言われました。

例外として「重箱読み」「湯桶読み」があります。それぞれ、代表的というか、音と訓の区別が一番明確にわかる語を使っています。読んでの通り、前者は「音＋訓」の組み合わせで「試合」「残高」などがこれに当たりますし、後者は「訓＋音」で「場所」「敷金」などの例を挙げることができます。例外とはいえ、これも結構な例があるのが厄介です。

しかし、「音＋音」「訓＋訓」が原則だと覚えておけば、間違えたとしても、とんでもない間違いではなく、「そういう間違いもあるよね」で済みます。

音読みの種類

字を追うだけなら、楽勝で理解できることばも、発音すると間違えてしまう。そんなことが、ここまでのルールを適用することで、ずいぶん減ると思います。しかし、まだまだ、問題はあります。複数の音読みを持つ漢字があります。音便で発音が変わることもあります。どれか一つがメインの発音で、他は例外、であればわかりやすいのですが、「明」という字を考えたとき、「メイ」と発音する「明晰」「克明」も、「ミョウ」と発音する「明朝」「明星」も、難読とはいえません。また、「明国」とあれば多くの人が「ミンコク」と読めるでしょう。同じ表記でも読みが変わることもあります。明らかに宣言するのは「声明《せいめい》」ですが、仏様を礼賛するのは「声明《しょうみょう》」です。

漢字の故郷の中国では、一つの文字につき、発音は一つです。訓読みは日本で作られたものですが、中国オリジナルの発音ならば、複数の読みが自然に存在するのは不自然ではないでしょうか。音読みには、いつ伝来したかによって、古い方から「呉音」「漢音」「唐音（宋音）」があります。それぞれ、中国の王朝の名前から取られていますから、だいたいの時代はおわかりかと思います。奈良時代から平安初期にかけて入ってきたのが「漢音」、それ以前を「呉音」、それ以降が「唐音」です。先ほどの「明」の例だと、

ミョウ　＝呉音
メイ　　＝漢音
ミン　　＝唐音

となります。漢音が、一番親しみやすい読み方ですね。

「なんでこんな面倒な読み方するんだよ」と文句の一つも言いたくなるときも、こういった背景がわかると、得心がいきませんか。

碌に漢字も読めないで

ＳＮＳが普及して、個人が世界に対して意見を発信できるようになってから、ちょっとしたミスや不注意が、いわゆる炎上につながることが多くなりました。先にも述べた例を、もう少し詳しく見ていきましょう。麻生太郎元総理が「未曾有」を「みぞうゆう」と読んだときのことです。ネットには「『みぞう』だろ！」「総理大臣なら日本語くらいちゃんとしろ」と正論が溢れました。

しかし、この単語の読みは「みぞう」だけではありません。『精選版 日本国語大辞典』では「みぞうう」との読みも示されています。

その後、「弥栄」を「いやさかえ」と発音し、「またか！」と同じ騒ぎになりました。これは、辞書には「いやさか」としかないものの、歌舞伎の演目「弥栄芝居賑」が「いやさかえしばいのにぎわい」と読まれることから、「誤読と報じた方が誤報ではないのか」との議論にも発展しました。

これらについては、鬼の首を取ったように間違いだと指摘することの是非はさておき、やはり一般的な読みを採用するべきではないかと、個人的には思います。ことばは変化するものなので、「昔はこうだった」を入れるとなんでもありになり過ぎます。書く方でも、夏目漱石は「精心」という表記をよく使いますが、国語の漢字テストでこう書いたら不正解になるでしょう。「漱石はこう書いた」と主張しても通らないと思います。『広辞苑』には載っていませんが、『精選版 日本国語大辞典』には「精心」の項もあり、「精神」に飛ぶように指示されています。

最も安全なのは、今、現在、何が正しいとされているかを、知っておくことです。もちろん、すべてを知ることは非常に困難ですので、人前で発表するときの原稿に、自信を持って「これだ」と言えない単語が入っていたら、うやむやにしないで調べておくくらいのことはしておきましょう。

相手は漢字だけじゃない

ここまで、ルールに則った読みについてお話ししてきましたが、一般的に漢字の読みで厄介なのは、いわゆる「難読漢字」、何がどうしてそういう読みになっているのかわからない、使用頻度が低いので単に馴染みがなく読み方がわからない、他の使用法での馴染みが深いために別の文脈で出されるとわからなくなる、といった単語の方だと思います。これらは、どこまで読めるようにしておいたらよいのでしょうか。

答えは、困らない程度まで、です。

困るとは、読めなくて恥をかくことです。これが、学生達を見ていても、個人差があって難しいのですが。私は、「紫陽花」「向日葵」くらいは、普通に高校生まで生活し、勉強してきたら、読んでほしいと思います。ですが、「石楠花」「満天星」までは求めない、というところです。ここで例に挙げたのは、すべて植物の名前ですが、いずれも発音に字を当てているのではなく、それぞれの特性を漢字で表して花の名を読みとしています。ヒマワリが太陽の方を向く様を「向日葵」、ドウダンツツジが白い星を散らしたように咲く様を「満天星」というように。これはもう、一対一の対応で覚えていくしかありません。

漢字を正しく読めるように心がけることで、その由来を知ったり、関連する事柄についての知識が増えたりします。書いてあるものを読んで正しく知っているつもりになるのでなく、正しい発音と意味を把握したときに、その単語は、その人のものになるのです。正しく読めることばを次々と広げていくことで、あなたの語彙は豊かなものになっていきます。

ここまで、「読める」ということで、当然のように「漢字」を対象としてきました。しかし、意外なところで外国語の読みをそのまま使ったカタカナ語でも、誤った読みをしてしまうことがあります。馴染みのある、よく似た単語に置き換えてしまうことが多いのです。例えば、「私は自分のスペースで生きていきたい」というので、自分のいる場所を大切にしたいのかと思ったら、話を聞いているうちに、「マイペースで生きたい」と言いたかったのがわかる、といったケースです。私が心理学の授業で「ローカス・スコア」という用語を使った際には、レポートを書いてもらうと「ローカル・スコア」と書く学生が驚くほどたくさんいました。中には、「ローカル・ストア」と、なんだか近所の雑貨屋さんのような別のことばになっていたこともあります。これは、予測変換機能のせいもあるかと思われます。候補を出されると、「これだ」と思ってしまいがちですからね。

他にも、発音の複雑なことばを、少し入れ替えてしまうこともあります。「シミュレーション」を「シュミレーション」としたり、「ドストエフスキー」を「ドエトフスキー」と読んだりという例です。「アボカド」は「アボガド」ではない、というのは、学生と食事をしているときなど、よく話題になります。わかっているのに、ついつい「アボガド」と言ってしまったりします。「ベッド」と「ベット」、「バッグ」と「バック」は、もうどちらでも通じます。英語の綴りを見れば、どちらが正しいかは一目瞭然ですが、商品名として「ベット」「バック」を使っていることもあります。

正しく読めるようにすることで、あなたはことばを「知っている」だけの人ではなく、その背後の広がりを感じることのできる人になるのです。

四　対義語でことばの地図を描く

「ややこしい」の反対は?

「大きい」の反対は「小さい」、「長い」の反対は「短い」、というように反対の意味を持つことばがあります。これらは組み合わせて熟語を形成することもあります。「大小」「長短」という具合です。「男女」「朝夕」などは、意味として反対というのは少し違いますが、対になる概念を含む二つの漢字を組み合わせたものです。このような組み合わせ、ちょっと考えるだけで十くらいは出てくるのではないでしょうか。こういった対は、さらに四文字熟語にも発展させることができます。「針小棒大」「一長一短」「善男善女」「一朝一夕」。

このような対になる意味を持つことばが「対義語」です。「対語」という言い方もあります。後者は「大小」のような対になる漢字を組み合わせた単語のことも指します。

一つのことばに対して、複数の対義語が存在することもあります。「朝」の対義語は「夕」「晩」で、「朝夕」とも「朝晩」とも言いますね。最も一般的なのは、「夜」のような気もしますが、こちらは「昼夜」というように、「昼」と対にされます。「冷たい」の反対というと、まず思いつくのは「熱い」ではないかと思われますが、日常では「温かい」との組み合わせの方が、よく目に入るのではないでしょうか。飲み物の自動販売機の表示は「冷たい」と「温かい」ですし、麺類のメニュー表にも書かれていますね。舌が焼けるほど熱いうどんでも、メニューでの表示は「冷・温」です。さらに、「優しい」も対義語になります。温度が冷たいのも態度が冷たいのも表記に変わりはありません。

今まで例に挙げたものは、日常的だったり、可視的だったりして、わかりやすいものですが、もっと抽象的な概念にも対義語は存在します。「抽象」に対する「具象」もそうです。「収入・支出」「原因・結果」「権利・義務」などが例として挙げられます。最近、テレビで芸能人が知識を競うような番組がよく作られていますが、ここでも対義語の問題がよく出されます。

例えば、「ややこしい」の反対はなんでしょう。「シンプルな」だとカタカナ語なので、和語の対にはならない気がします。「簡単な」には「難しい」というもっと座りのよい対義語があります。「単純な」も同様に「複雑な」があります。ここは語源を考えてみましょう。「ややこ」とは乳児のことです。「ややこしい」とは、赤ん坊のように手がかかる、というところからきたと言われています。ですから、「ややこ」の反対は何か、から考えればよいわけです。赤ん坊の反対は「大人」ということで、「おとなしい」ということになります。

でも、理屈でそう言われても、現状を考えると、「おとなしい」の反対は「活発な」「やかましい」となりそうです。

「ややこしい」の対義語は、という質問の答えとしては、「特にない」というのは正しいのかもしれません。

響きとリズム

語彙を豊富にするには、対義語を利用するのも有効です。一つの単語に対し、一つのもしくは複数の対義語を位置づけることで、ことばの世界が広がっていきます。

特に、ことばを創作に使いたいときには、対義語を有効に使うことで印象的な文章を創り出すことができます。というのは、多くの対義語が音の面でも対になっているからです。

書くことに行き詰まると、今までに書いた部分を、ぶつぶつと呟いてみたり、これから書こうとする部分を口に出し、それが文章として破綻していないか確認したり、どちらの表現にしようか迷っているときには、交互に音にして耳でも確認し、どちらが相応しいかを比較するような行動をとることはないでしょうか。良い文章は、音読したときにわかります。というよりも、音読しないとわかりません。

黙読しているときより、音読しているときの方が、当然、ことばの響きに人は敏感になりますが、黙読しているときも、音と無縁ではありません。頭の中で、美しく響く文章が良い文章だと言えると思うのです。

小学校の国語では、音読を宿題にすることが多くあります。三人の子どもを育ててきたので、そういった宿題にも複数回付き合ってきました。国語が物語文の単元になると、毎日家で音読をして、親の判子や一言をもらってくる、という宿題が一週間ほど続きます。私は『きつねのおきゃくさま（文・あまんきみこ）』『うみへのながいたび（文・今江祥智）』などの作品を、ほぼ諳んじることができます。確かに記憶力は良い方というか、なんでも覚えている質の人間ですが、これは文章の力です。響きが良く、リズムが整った文章なので、頭にすっと入って、忘れられることがないのです。

大学の創作の授業や社会人向けの文章講座でも、作品の音読を取り入れるようにしています。書いているときは、これで良いと思った、推敲したときにも問題は感じなかった、けれど声に出すと、ここは良くない、ここはもっと整えたい、という箇所が見えてくるものです。自分で書いたときに、小声で読んでみることも推奨しています。

私は、発達障害を持つ児童の夏休みの宿題・読書感想文のお手伝い講座を毎年担当しています。発達障害には知的障害を伴わないケースも多く、多くの子どもたちが普通学級で学んでいます。文章を書くのにも、困難を持つことが多いのですが、宿題は同じ条件で出されますから、手助けがあるとないとでは、出来上がるものが違ってきます。その手助けとともに、子どもの宿題は保護者にとってても完成を支えなければいけない宿題でもあるので、保護者の負担をほんの少しでも減らす目的があります。

ここでも最後に音読して終わり、としています。すんなりと読める文章を書けたら完成だと伝えたいからです。ただし、こちらに関しては、音読までには至らないというか、書き上げるだけで疲労困憊して、親も子も、もう読むどころではない、という状況になることがほとんどです。

先にも述べていますが、文章を産出するにあたり、私達は何を書くかに重点をおいて、考えを進めていきます。「意味が合っていたら、それでいい」という人もいます。しかし、文章は伝えるために書かれるのです。より伝わる文章をどう作るかを考えるとき、多彩な表現力が求められます。語彙について考えを巡らせているのはそのためですが、響きとリズムも重要な要素です。

それらを整えるときにも、対義語を有効に使うことができます。

対義語をつなげる

対になった二つのことばを使うことで、文章を整えることができる、ということをお話ししました。対になったそれぞれを、放置しておくのももったいないことです。つないでいきましょう。先ほど、単語をポケットに入れて整理するイメージを持ちましょう、と言いましたが、今度は対にして並べていくイメージです。

一つの単語に対して、対義語が一つとは限りません。似たような意味の単語は、どちらも有効である、と位置づけられることもありますし、「冷たい」に対する「温かい」「熱い」「優しい」というような、まったく異なる意味合いのものが存在することもあります。

対義語が確実に存在するわけではなく、調べてみても出てこない場合でも、「反対の意味の単語はこれだな」と自分で位置づけることもできます。

「冷たい」と対になるのは「熱い」、その近くに「熱い」と「寒い」を持ってきます。「寒い」は現代の使い方だと、「気温が低い」の他に「面白くない」という意味にも使います。だから、「熱い」とは別方向に「面白い」とか「うける」という対を作ることができます。そうなると「熱い」にも別の意味ができていますね。「流行に乗っている」とか、「非常に人気がある」のも「熱い」です。新しい（もしくは、現時点で一時的に使われている）意味では、「熱い」と「寒い」は必ずしも対になるわけではないのが面白いところです。

では、こちらの意味の「熱い」の対義語はなんでしょう。どうも見つからないようなのです。既に人気が衰えてしまったものは、「熱くない」ということでしょう。

対義語の対は、最初に述べたような単純に反対になるものや、反対というわけではないけれど対になるもの、抽象的な概念だけれど対極に位置すると思われるものなど、様々です。まず、それらを分類して、そこからいろいろな方向に対義語のネットワークを伸ばしていきます。そうすると、ここでも面が構成されます。対義語のネットワークは、ことば全体のネットワークになり、広がっていきます。

否定形を使いこなす

「今、これが熱い」の反対は、「今、これは特に熱くない」とせざるをえない、と言いました。一方で「否定形 ＝ 対義語」ではないことも知っておく必要があります。これは、ネガティブな意味を持つ形容詞で多く生じる現象です。

「良い」の対義語は「悪い」です。「良くない」と「悪い」は、ほぼ同義と言ってよいと思います。場合によっては、敢えて「良くない」を使うこともあります。私は、「どうでもいい」と言われて「良くないでしょ」と返すときなどに使います。

この場合、「どうでもいい」の明確な対義語はなく、「どうでもよくない」もあまり使いません。「どうでも悪い」は論外で、ことば遊びとしてしか成立しません。どうしてもというなら、「重要だ」「必要だ」あたりでしょうか。「どうでもよくはないでしょう」との言い方であれば、すんなり聞ける気もします。否定するにも「どうでも」が必要なのです。そこを敢えて、「どうでも」を省いた「よくない！」と断言することで、より強い否定を打ち出そうとして使っています。

では、「悪くない」と「良い」は同義でしょうか。この二つの印象は、異なるのではないでしょうか。少なくとも、「良くない」と「悪い」よりは、この違いは大きいように思われます。敢えて否定形を使うときには、「良くも悪くもない」と対義語を同時に否定形にすることもあります。

「良い」と言い切ることはできないが、「悪くはない」という、「良い」と「悪い」の中間を、「良くない」ではなく、「悪くない」が担っています。

「好き」と「嫌い」にも同じことが言えます。「好きじゃない」と「嫌い」の差異は、「好き」と「嫌いじゃない」の差異よりは小さいように感じられます。

さらに、「悪くない」「嫌いじゃない」には、独自のニュアンスも含まれます。文脈によっては、かなり大きなプラスの感情を表現することも可能です。

英語でも〝no〟や〝not〟を生かした表現があります。〝bad〟ではなく〝no good〟と表現することも多々あります。調子の悪いときに、〝Feeling good?〟と尋ねられたら、〝Bad.〟ではなく〝Not so good.〟と答えることもあります。

否定形を文脈に合わせて使いこなせると、表現の幅は、さらに広がります。

語彙を効率的に

語彙を増やそう、と思ったときに、対義語という概念を一つ入れるだけで、このように効率的に多くのことばを手に入れることができるのです。

一つの単語だけを憶えるより、

①ある対義語を知る
②複数の対義語を知る
③別の意味の対義語がないか考える

④否定形と対義語の持つ意味が、どれくらい隔たっているか、もしくは隔たっていないのかを考える

といった思考作業を経た方が得るものが大きいのは歴然としていると思います。

別のパターンもあります。

①その単語には、対義語が定義されていないと知る

②反対の意味を表わす単語を探す

こちらでは、元の単語は和語だけれど、反対の意味の単語は外来語、といった組み合わせもあるかもしれません。

これらの作業は、ことばへの関心が強ければ苦になりません。豊かなことばを身につけるには、ことばを好きになれば良いのです。

効率良く語彙を獲得するということは、楽して語彙を獲得することと同義ではありません。楽に得られるものは、簡単に失われます。例えば、あるスポーツで強くなりたいと思ったら、その競技に必要なトレーニングをコツコツを積み重ねていくしか、上達する道はありません。同様に、ことばの知識も地道に広げていくのが、一番確実な道です。

このようにして得た語彙を、今度はどのように活用していきましょうか。今まで、主に創作を例に挙げてお話ししてきましたが、それ以外の文章に関する行動において、効用を見ていきましょう。

寄り道③

ことばの順序

心理学には、対象を部分の合計としてとらえる構成主義的な考え方から、全体でとらえるゲシュタルト主義的な考え方に移行した歴史があります。人間の顔の認知をイメージするとわかりやすいでしょうか。同じパーツが少しずれるだけで、随分印象が変わります。親子や同胞での相貌の相似は逆ですね。ぱっと見て、よく似た顔だなあと思っても、パーツはそれほど似ていないことが、よくあります。

文章もゲシュタルトで考えましょう。同じ単語の組み合わせでも、並べる順序によって、わかりやすさ、伝わりやすさは、ぐんと変わってきます。

原則は、関係の近い単語をできるだけ近くに置くことです。主な組み合わせとして、

主語　—　述語
修飾語　—　被修飾語

が、あります。

具体的な例を挙げてみましょう。

「急ぎ足で彼は大きな鞄を手にして指定された通りのチューリップの咲いた花壇近くにあるベンチに近づいた。」

「チューリップの咲いた花壇近くにある指定された通りのベンチに、大きな鞄を手にして急ぎ足で彼は近づいた。」

この二つの文です。本文中で再三触れたように、音読していただくと、より私の意図が実感できるかと

思います。

後者の文の方が読みやすく、わかりやすいのではないでしょうか。

「鞄を手にする」のも「急ぎ足」なのも「近づく」のも「彼」です。ですから三つとも、「彼」の近くに持っていきます。そして、この文で一番重要なのは述語である「近づいた」ですから、「彼」を一番近くに引き寄せるのも、その単語です。「大きな鞄を手にして」は、ある程度の期間続いている「彼」の常態と言えますが、「急ぎ足で」はこの場面に特徴的な行動であると考えられるので、近くに置きます。また、大きなことばの塊を間に挟むと、どこにかかることばかわからなくなることもあるので、これが一番わかりやすく、誤解のない順序だと言えるでしょう。

「ベンチ」にかかることばについては、「指定された通りの」が上に来ると、修飾可能な対象が「花壇」と「ベンチ」、二つになります。入れ替えると、「指定された通りの」も「チューリップの咲いた花壇近くにある」も、「ベンチ」だけにかかるようになります。

これらを指摘すると、「ちょっと考えればわかるじゃん」との反論ももらうのですが、読み手に考えさせる前に、自分が考えるのは書き手の仕事です。

語順をこのようにする配慮がもう一つ、助けてくれるのが、自動詞と他動詞、能動態と受動態の問題です。若い世代で、この区別がついていないことがよくあるのです。若い世代で、と限定したのは、授業をしていると、よく見かけるのですが、文化センターやオープン・カレッジの文章講座では、ほとんどお目にかからないからです。

「轟音とともに大きな衝撃が感じた。」

この文では、主語が「衝撃」になるので、「感じられた」です。「主語は、省略された『私』です」という意見に対しては、どうでしょうか。この場合は、「衝撃を感じた」となります。

それでも、

「私は、轟音とともに大きな衝撃が感じた。」

といった文が出てきてしまうのです。これも、「私は」と「感じた」をもっと近くに置けば、間違えにくくなります。隣に置いてみましょう。

「轟音とともに大きな衝撃を私は感じた。」

これなら、「衝撃が」とはなりません。

ただ、「主語↓目的語↓述語」が一番わかり易い並びなので、

「轟音とともに私は大きな衝撃を感じた。」

とするのが、最良かもしれません。

文章を書くときには、どうしても頭に浮かんだことを、そのままの順序でことばにしてしまいがちです。それがわかりにくいとは、自覚しづらいので、誰かに目を通してもらうとわかりにくさが見つかると思います。

第三章　敬語に強くなる

一　敬語の種類を知る

人と人との関係をより円滑に

懐かしい思い出があります。私が大学に入学した頃は、自分を含めてまだ周りの誰も携帯電話というものを持っていませんでした。友人に連絡をしたいときにはいつも自宅の電話、つまり「いえでん」にかけることになります。リビングに置いてある自宅の電話を使うと、その会話は親に筒抜け。なんとも気まずい場合もありました。

ある日、大学のサークルの友人から連絡が入り、その連絡を次の人にも回す、いわゆる連絡網の機会がありました。私がかけなければいけない相手はあいにく不在、その相手の親御さんに私は言いました。

「夜にもう一度こちらから電話をかけますので」

電話の後、洗濯物を畳みながらなんとなくそばで聞いていた母からやんわりと注意されました。

「なんであなたは『夜にもう一度こちらから電話をかけさせていただいてもよろしいですか』って言えないの？」

あ、なるほど、となったわけです。こちらから勝手に電話をかける、そのことを一方的に宣言するのではなく、相手の都合も確認して許可を得ておく。そのことで、見知らぬ相手とも、より気持ちよくコミュニケーションを取ることができるのです。携帯電話を持たない時代であったからこそ、注意してもらえた出来事でした。

大学生になると、高校生の頃とは異なり格段に人間関係の幅が広がります。同級生、先輩、後輩、大学の先生や事務職員の方、アルバイト先の店長、社員さん、はたまたサークルや研究室の活動で出会った他大学の学生。場に応じたことばを適切に使えてこそ、コミュニケーションは円滑になりますし、不要なトラブルを回避することもできます。

授業の中で、学生にはよく「ことばは、お洋服のようなものだよ」と言います。自宅に帰ってお風呂に入ったら、リラックスした格好に着替えたりするでしょう？　パジャマやスウェットは確かに楽ですよね。でも、いつでもパジャマしか着ない人に、スーツは着られません。どうやって組み合わせてよいかがわからないし、ネクタイの結び方もわからないからです。

けれども、たまにでもスーツを着る習慣のある人がパジャマに着替えることは、誰でも簡単にできる。ことばも、それと同じ。敬語を一切使わない、友だちとのおしゃべりことばしか使わない人がいきなりビジネス敬語を使うことはできません。ですが、きちんとした敬語の仕組みとルールを知っている人が場に応じてくずしていくことは、誰にでも簡単にできるのです。

ここぞというときの「敬語」、ここぞというときの「タメ口」

敬語の仕組みをしっかり身に付けられると、逆に相手や場面によって敬語を使うか否かの判断もできるようになってきます。

市役所に就職した学生時代の先輩から聞いたことがあります。窓口に苦情を言ってこられたお客さんである市民の方に対して、こちらの側にミスがあったと認め、丁寧に謝罪しました。

「このたびのことは、まことに申し訳ございませんでした」

西日本のある都市に勤める先輩でしたが、老齢男性のそのお客さんは丁寧に謝罪すればするほど、逆に怒りはじめたそうです。

「おまえじゃ話にならん。上司を出せ」

「いいえ、大変申し訳ございませんでした」

のやりとりの後、出てきた上司は一言。

「あー、えらいすんませんでしたなぁ！」

え、その一言、かなりまずいのでは？　と焦る先輩を前に、お客様は

「わかってもらえたらええんやわ。ありがとなー」

との反応です。訳がわかりません。

正しい敬語を使ったはずなのに、逆に怒らせる。ぞんざいなことばで返したはずなのに、相手は納得した。もちろん、ことばだけの問題ではないのかもしれません。ですが、ことばというものは、正しさだけを極めても逆に味気ないものになるときがあるようです。

顧客に対してビジネス敬語で押し通している営業マンが、最後の肝心なところで「あなたには本音で話していますよ」と気持ちを伝える「タメ口」。逆に、普段は気の置けない友達同士の気軽な会話しかしないのに、相手が本当に窮地に立ったときにだけ使われる真摯な丁寧語。敬語は時折、「差し色」として使われることで抜群の効果を発揮することがあるようです。

ですが、それを発揮できるのも、「敬語の仕組みを知っているから」。自由自在に使いこなし、差し色をキラッと輝かせるためにも、一度、自分の敬語を見つめ直してみましょう。

伝統的三分類と新しい五分類

敬語の分類として伝統的によく知られているのは、「尊敬語・謙譲語・丁寧語」。ですが、日本語学(国語学)・言語学の世界では、この中の「謙譲語」については少なくとも複数の性質のものが「謙譲語」という一つのくくりに入っているのではないか、と永らく議論されてきました。

こうした議論や長年の研究成果を承け、文化庁は二〇〇七年二月、「敬語の指針」という文書を発表しました。そこで示された敬語の分類は、以下の五種類です。

①尊敬語
②謙譲語Ⅰ
③謙譲語Ⅱ
④丁寧語
⑤美化語

見覚えのないものが入っているかもしれませんね。「②謙譲語Ⅰ」と「③謙譲語Ⅱ」とは、従来の伝統的な名称である「謙譲語」を二つに分けたもの。その他、「ものごとを、美化して述べるもの」(「敬語の指針」)とされている「⑤美化語」も新規に分類に加えられました。

「敬語の指針」によると、①尊敬語は「相手側又は第三者の行為・ものごと・状態などについて、その人物を立てて述べるもの」。一方、②謙譲語Ⅰは「自分側から相手側又は第三者に向かう行為・ものごとなどについて、その向かう先の人物を立てて述べるもの」、とされています。例えば、次の例文で考えてみましょう。

社長が我が家にいらっしゃる。
私は社長のご自宅に伺う。

最初の例文では、「いらっしゃる」を使うことで来た人物(=「社長」)を高めていますが、次の例文では、「伺う」を使うことで向かった先の人物(=「社長」)側を高めています。

さて、ウォーミングアップとして問題を解いてみましょう。

問　次の各動詞について、尊敬語と謙譲語のどちらなのか答えてください。
①頂く　②いらっしゃる　③お気に召す　④お送りする　⑤お話しになる　⑥ご説明する　⑦ご存じ　⑧ご覧になる　⑨拝見する　⑩参る

答：
①謙譲語　②尊敬語　③尊敬語　④謙譲語　⑤尊敬語　⑥謙譲語　⑦尊敬語　⑧尊敬語　⑨謙譲語
⑩謙譲語

「社長が……」が付いて社長が高められるのが尊敬語、「わたくしが……」が付くのが謙譲語、と考えるとヒントになると思います。

以下ではそれぞれのポイントを確認していきましょう。

二　尊敬語のコツ

文法形式と語彙形式

社長がパソコンを使う。

右の例文について、傍線部を尊敬語に変えてみてください。……よく用いられる形としては、「お使いになる」・「使われる」でしょうか。ということは、次の形式を認めることができそうです。

お（ご）〜になる

〜（ら）れる

通常語（例「使う・話す・書く」などの非敬語）から尊敬語を作る際、作り方は一種類ではありません。右のように形式に当てはめて、様々な形を作ることができます。「話す」であれば、「お話しになる」「話される」。「書く」であれば、「お書きになる」「書かれる」。和語の動詞は多くこの二種の形式に対応できます。

漢語の場合、次の形式もよく使われます。

ご〜なさる

〜なさる

「説明する」であれば、「ご説明になる」「説明される」の他、「ご説明なさる」「説明なさる」などです。

尊敬語形式は動詞ごとに相性があり、一部の漢語や外来語など、なじまない組み合わせがあるので注意が必要です。例えば、「運動する」は「ご運動になる」「ご運動なさる」は言いにくいでしょうし、「ドキドキする」も「おドキドキになる」「おドキドキなさる」は使えません。それぞれ、「運動なさる」「運動される」「ドキドキなさる」「ドキドキされる」なら使えます。

さて、ここまで見てきた作り方を、以下**【文法形式】**と呼ぶことにしたいと思います。

尊敬語は文法形式によって数多く作ることができますが、そもそも、「食べる」だったら「召し上がる」を使うことができます。「召し上がる」には「食べ」というパーツが入っておらず、したがってこちらの使い方を、以下**【語彙形式】**と呼んでいきましょう（「特定形」とも呼ばれます）。

一流ホテルでスープをサーブするとき、ホテルマンがお客様に声を掛けるとしたら何と言うでしょうか。

「お客様、どうぞあたたかいうちに［　　　　　　］」

「飲まれてください」、は私には違和感が感じられます。おそらく最も使われているのは、「お召し上がりください」。

「先生は他大学の教授のこともよくお知りになっている」

この例文も、「お知りになっている」や「知られている」ではなく、「ご存じでいらっしゃる」「ご存じだ」の方が、こなれた敬語のように感じられます。

敬語は、尊敬語も謙譲語も文法形式と語彙形式を持っていますが、敬語としての洗練度は語彙形式の方が上。語彙形式をいかに使いこなすかが、どうやら敬語がうまいと感じさせるポイントのようです。

次の動詞の尊敬語形式（語彙形式）がわかるでしょうか（ヒント：「社長が〇〇」に言い換えて別動詞を思い浮かべてください）。

問　次の①～⑪を尊敬語の語彙形式に変えてください。
①言う　②行く・来る・いる　③気に入る　④着る・（風邪を）ひく　⑤くれる　⑥する　⑦知っている　⑧死ぬ　⑨寝る　⑩飲む　⑪見る
答：
①おっしゃる　②いらっしゃる・おいでになる　③お気に召す　④お召し　⑤くださる　⑥なさる
⑦ご存じ　⑧お亡くなりになる（亡くなる）・ご逝去　⑨お休みになる　⑩召し上がる　⑪ご覧になる

尊敬語の語彙形式として、主なものは以上です。少ないと思いませんか？　こんなに少ないのだから、覚えてしまった方が早いと思います。コツは、「**発声練習するつもりでとにかく声を出すこと**」。声を出し、音声として耳で聞いていれば、適切な場面ですっと単語が出てくるようになるはずです。

文法形式にもグラデーションがある

語彙形式の数が少ないということは、語彙形式を持っていない語が多いということにもなります。例えば、「待つ」「下げる」「戻す」。それぞれ、語彙形式を持っていません。このような場合は、文法形式を使うしかありません。

「待つ」を尊敬語の文法形式で表すとすると、どうなるでしょうか。代表的には、以下の形式が考えられます。

お待ちになる

待たれる

右の他、「お待ちなさる」が使われることもあるでしょうし、「～ている（～ています）」という表現は「お～だ」という形もよく使われます（例「お客様がお待ちだ（です）」）。

さて、「お（ご）～になる」と「～（ら）れる」をそれぞれ使った、次の文ではどちらの方をより丁寧に感じるでしょうか。

お客様がお待ちになっています。

お客様が待たれています。

おそらく現代の日本語話者の多くは、「お客様がお待ちになっています」の方を丁寧に感じるかと思います。

「お（ご）～になる」と「～（ら）れる」は、それぞれ「ナル」と「レル」がその語形に入っていることから「ナル敬語」と「レル敬語」と呼ばれることがあります。レル敬語は、ナル敬語に比べて相手を高める度合いがやや低いようです。

「お客様が食べられた」と聞くと、「え、ゴジラに？」といった疑問が浮かびます。「幕の内弁当を」など、対象を表す語が表現されない場合、文法形式「（ら）れる」は受身の意味で解釈する余地が出てきてしまいます。レル敬語よりもナル敬語を、と心得ておきましょう。

注意！①　二重敬語は過剰敬語。

尊敬語で表現する場合、基本的には形式を二重に使えません。語彙形式を使ったらそこに文法形式を重ねることはできませんし、文法形式二種類を同時に使うことはできません。

×お読みになられる（「お～になる」と「れる」をダブルで使った二重敬語）

↓○お読みになる

×ご検討なされる（「ご～なさる」と「れる」をダブルで使った二重敬語）

↓○ご検討なさる

×社長がいらっしゃられる（「いらっしゃる」と「れる」をダブルで使った二重敬語）

↓○いらっしゃる

ただし、「お召し上がりになる」など、習慣として定着しているものは例外的に認められているものも一部あります。

注意！②　「ご～される」はアウト。

「ご～される」の形は、規範的には誤りとされています。

×会長はパーティーにご出席された（「ご～される」が入っているから×）

→〇ご出席なさった

注意！③「お（ご）～いただく」「お（ご）～くださる」のときの形に注意。

「お（ご）～いただく」「お（ご）～くださる」の形式は、相手を高めて言いたいときには、「して」を入れられません。「して」が入ると「お（ご）～する」の形になり、謙譲語Ⅰの扱いになってしまいます。

×明日の講演会では、先生に福祉のテーマでお話ししていただく。
→〇明日の講演会では、先生に福祉のテーマでお話しいただく。
×何かご不明の点がある場合には、ぜひご相談してください。
→〇何かご不明の点がある場合には、ぜひご相談ください。

若者は「なさる」が苦手？

「なさる」はビジネスの現場ではよく使われていますが、若い世代では弱体化がかなり進んでいるようです。私は自然に「なさる」を使いこなす大学生をほとんど知りません。しかし、若年層の多くが使いこなしていない分、「なさる」をさりげなく使えると敬語がとてもうまい人物である、という印象を与える場合があるようです。

以前、授業の中で学生たちに「なさる」はおすすめだよ、と伝えたことがありました。ある学生は敬語に苦手意識があったので、バイト先の結婚式場で意識的に「なさる」を使う機会をねらっていたそうです。あるとき、披露宴の最中にお客様（年配女性）の手がすべり、ビールがこぼれてしまいました。すばやく片付けつつ彼女が言った言葉は、

「お客様、どうぞお気になさらないでください」

それを聞いたお客様は、

「あなた、学生さん？　どこの大学？」

と聞かれたそうです。大学名を答えたら、「やっぱりね」、と。地元では伝統校の女子大として知られる我が大学。少しお褒めいただいたようです。地元の方に愛される大学でありたいものです。

尊敬語は、形容詞・形容動詞、名詞、接尾辞にもある

ここまで紹介した尊敬語は、実はすべて動詞の尊敬語でした。もちろん尊敬語は動詞にしか見られない現象ではありません。

形容詞・形容動詞は次のように形式を変化させます。

若い↓お若い・お若くていらっしゃる
元気だ↓お元気だ・お元気でいらっしゃる

形容詞・形容動詞は「お（ご）」を付けるか、「で（て）いらっしゃる」に変えます。

名詞や接尾辞にも尊敬語があります。「お客様のご住所」「先生からのお手紙」「先生からのご指導」はそれぞれ行為者を高めた尊敬語形です。

ただし、「お」や「ご」が付いたら必ず尊敬語と判断されるわけではありません。文脈での使い方によって敬語の種類を判断するので、次のようになります。

先生からのお手紙→尊敬語
先生へのお手紙→謙譲語
お手紙が来た→美化語

特別な形の尊敬語名詞を使って、一クラス上の表現を

名詞の尊敬語と言うと、「お」や「ご」が付く、とイメージされやすいですが、特別な形を用いて、より格上の表現も知っておくようにしましょう。

問　次の①～⑩を尊敬語の語彙形式に変えてください。
①会社　②学校　③父　④母　⑤名前　⑥子ども　⑦息子　⑧娘　⑨妻　⑩原稿

答：
①御社・貴社（話しことばでは「御社」、書きことばでは「貴社」が一般的）②貴校（大学は「貴学」）③ご尊父　④ご母堂　⑤（ご）芳名　⑥ご子息　⑦ご令息　⑧ご令嬢・ご息女　⑨ご令室　⑩玉稿

右のような語例は、改まった場での社交的な付き合いの中でよく使われます。上司のお父様が亡くなった場合、社内の連絡メールなどで使われるのは、「御尊父様」。このような場合に「お父様」とは書けません。是非覚えておきましょう。

これらは、単に「覚えておかないと恥ずかしい」のではなく、便利な使い方もあります。例えば男性上司と食事する際、奥様も同席されてお目にかかる機会があったとします。年末に年賀状を差し上げる際、上司の名前だけではなく宛名を奥様との連名にしたいとき。上司の名前の左に「ご令室様」と添えることで、奥様の名前が不明なときにも便利に使えます。家族を丁重にもてなすという態度は、上司にとっても気持ちよく受け入れてもらえる場合が多いのではないでしょうか。

さらにもう一例をご紹介。社内の忘年会で社長が多めの金額を幹事に渡しました。会のためのカンパです。そのときの幹事のことばとしてふさわしいのは、「社長からご厚志（ご芳志）を賜りました」。間違っても、「ご寸志を賜りました！」とは言わないでくださいね。「寸志」は、わずかな金額を意味する謙譲語です。

三　謙譲語のコツ

謙譲語Ⅰと謙譲語Ⅱ

文化庁「敬語の指針」によると、謙譲語Ⅰは「自分側から相手側又は第三者に向かう行為・ものごとなどについて、その向かう先の人物を立てて述べるもの」であるのに対し、謙譲語Ⅱは、「自分側の行為・ものごとなどを、話や文章の相手に対して丁重に述べるもの」。つまり、謙譲語Ⅰには行為の向かう先の相手を高める働きがある一方、謙譲語Ⅱにはそれがありません。

次の例文を見てください。

○先生のところに伺います。

？父のところに伺います。

「先生のところに伺います」は言えますが、「父のところに伺います」を他人に話すことにはなんだか違和感を感じます。ですが、動詞を少し変えると違和感は収まります。

○父のところに参ります。

従来、「伺う」も「参る」も同じ「謙譲語」とされてきました。ですが、「伺う」は向かった先の相手を高めるのに対し、「参る」は聞き手や読み手を高めていると言えます。謙譲語Ⅰと謙譲語Ⅱの分類は、こうした違いを背景に再提案されたものと言えます。

謙譲語の語彙形式

謙譲語にも文法形式と語彙形式があります。謙譲語Ⅰから考えていきましょう。

問　次の①〜⑨を謙譲語Ⅰの語彙形式に変えてください。
①言う　②知る　③聞く・尋ねる・訪ねる　④もらう　⑤贈る・あげる　⑥会う　⑦見せる　⑧見る　⑨知らせる

答：
①申し上げる　②存じ上げる　③伺う　④頂く（頂戴する、賜る）　⑤差し上げる　⑥お目にかかる
⑦お目にかける（ご覧に入れる）　⑧拝見する　⑨お耳に入れる

まとめて覚えてしまえるよう、いくつかのコツがあります。

まず、右の問題の解答で「〜上げる」の形が多いことに気がついたでしょうか（申し上げる・存じ上げる・差し上げる）。相手を「上げ」ているのだと考えたら、謙譲語Ⅰであるということが理解しやすくなります。

次に「拝〜する」。こちらも「拝」んで、結果的に相手を上げていることから謙譲語Ⅰとしてグループ化してしまうとラクです。「拝見・拝借・拝聴・拝読……」。さて、いくつ言えるでしょうか。

謙譲語Ⅱも、語彙形式を確認しましょう。

問　次の①～④を謙譲語Ⅱの語彙形式に変えてください。
①言う　②する　③知る・思う　④行く・来る

答：
①申す　②いたす　③存じる　④参る

謙譲語Ⅱは、別名「丁重語」。人以外が主語でも使うことができます。「五番線ホーム、○○行き電車が参ります」などはよく聞く表現です。また、「今回、各都道府県を代表する優秀な選手達が参加いたします」は、人が主語ですが、話し手が選手達を低める意図は持っていません。第三者やものごとについて謙譲語Ⅱの語形を用いることで、聞き手への丁重さを表しているものと考えられます。

謙譲語の文法形式

語彙形式が使えない場合、尊敬語と同様、文法形式を使います。

（謙譲語Ⅰ）
①「お（ご）～する」
②「お（ご）～申し上げる」

（謙譲語Ⅱ）
「～いたす」

主たるものを右に示しました。現在、敬語の「誤り」とされるもので最も多いと言われているものが「お（ご）～する」の使い方です。次の例文、どのように感じられるでしょうか。

（保険会社のテレビＣＭ、お得なプランを示した後で）「どうぞ、ご検討してください」

（秘書が社長を高める意図で）「うちの社長、来月の出張は自ら航空券をご予約したのよ」

これらは、規範的には「誤り」とされています。「お（ご）～する」は謙譲語Ⅰですので、保険のプランや航空券を高めることになってしまい、相対的に主語を低めているように聞こえます。「ご検討してください」だと、検討するのは誰でしょうか。……お客さんの側ですよね。客を高めるつもりが、逆に客を低めることになってしまい、敬語の用法としては決して誤ってはいけない部類です。「ご予約したのよ」も、社長を高めるつもりが逆に低めていることになります。

言い換えるとすれば、たとえば、「ご検討なさってください」「（ご）予約なさったのよ」。保険会社のテレビＣＭの方は、実際にテレビで目にした例です。あっ！　と気づいて慌ててメモを取りましたが、その後このＣＭは二度と目にすることがありませんでした。多額の広告制作費……と同情してしまう出来事でした。

特別な形の謙譲語名詞

先生への電話→先生へのお電話

先生への連絡→先生へのご連絡
私たちのチーム→私どものチーム
「先生へのお電話」の「お」、「先生へのご連絡」の「ご」、「私どものチーム」などに使われる接尾辞「ども」は、いずれも謙譲語です。
さらに、特別な形が使われるときもあります。

問　次の①～⑥を謙譲語の語彙形式に変えてください。
①（自分の）会社　②自宅　③（自分の）息子　④（自分の）考え・意見　⑤（他者に贈る）品物
⑥（他者に出す）茶
答：①弊社・小社　②拙宅　③愚息　④愚見・卑見　⑤粗品　⑥粗茶

引っ越し後の挨拶状などで、「お近くにお立ち寄りの際には、是非拙宅にも遊びにいらしてください」などと使われます。一〇六頁の尊敬語名詞と同様、覚えておくと便利です。

敬語の人称暗示的機能

敬語には、人称暗示的機能と呼ばれるものが備わっています。次の例文を見てみましょう。

お持ちになりますか。

お持ちしましょうか。

菊地康人『敬語』（講談社、一九九七）より例文一部改

デパートなどで大きい商品を買ったときのことを想像してみます。店員から「お持ちになりますか」と聞かれた場合、客が自分で持ち帰るという意味、「お持ちしましょうか」だと、店側が配送の手配をする、または荷物を届けるという意味に理解できます。つまり、これらの文では「誰が」は表現されていませんが、「お持ちになりますか」は尊敬語だから主語は客側、一方「お持ちしましょうか」は謙譲語Ⅰだから主語は店側、と読み取れるのです。このような働きは「人称暗示的機能」と呼ばれています。

一一一頁で示したように、近年、「お（ご）～する」を尊敬語のつもりで使うという誤りが広がってきています。このまま広がると、敬語の持つ人称暗示的機能が損なわれる恐れがあり、こうむる影響が大きくなるかもしれません。

どっちを使う？という迷い

ここまで主に形式面から敬語を確認してきました。ですが、敬語は自分と相手、そして使われる場面があってこその言語表現です。

まずは鉄則として、**【身内は高めず、相手側を高める】**を確認しましょう。

例えばマクドナルドやケンタッキーなど、ファストフード店の接客では店員さんからよく「こち

らでお召し上がりですか？」と尋ねられます。勢い余って「はい、お召し上がりです」。

なにか変ですよね。自分で自分を高めているからです。こんなときには「はい。」だけでも通じますが、述語を付けるとしたら、「はい、食べていきます」。

もう一例。コールセンターでお客様と話しているとき、相手の言い分にやんわり異議を唱えるつもりで、でも敬語を使って言おうとしたとします。

×（社員）「お客様、そのように申されましても……」

火に油を注いでしまうかもしれません。丁重に言ったつもりなのでしょうが、謙譲語「申す」を使ってしまうと相手を低めている印象が強くなります。こういうときには「おっしゃいましても」くらいにしましょう。大学の授業で尋ねると、「おっしゃられましても」と答える学生がたまにいますが、いわゆる二重敬語となりますのであまりおすすめはできません。

身内かどうかは、相対的に決まる

さらに、「身内とは誰なのか」という問題も重要です。次のケースを考えてみましょう。

問　会社の同僚鈴木さんに対して、電話がかかりました。仕事中にその電話を受けたあなたは、鈴木さんが外出中であることを相手に伝えなくてはいけません。次の二人の相手に対して、用いるべき言葉を考えてください。
（ア）取引先の相手
（イ）鈴木さんの奥さん

（ア）の場合、ビジネス敬語で最もよく使われるのは「鈴木は只今席を外しております」でしょうか。取引先から見て自分と鈴木さんの側が同僚、つまり身内関係となるからです。ですが、（イ）の場合、適する返答としては（（ア）に合わせると）、「鈴木さんは只今席を外していらっしゃいます」です。人物の呼称も「鈴木は」から「鈴木さんは」に変わっていることに注意してください。

この問題の面白いところは、問いの内容、つまり「鈴木が在席しているかどうか」は同じであるし、自分と鈴木との人間関係（＝会社の同僚関係）は同じなのに、「誰からかかってきた電話なのか」で返答の仕方を正反対に変更しなくてはならない、という点です。

（ア）の場合、自分、鈴木、取引先の相手という三角関係の中で身内と見なすべきは「自分―鈴木」の関係です。

ですが、鈴木さんの家族に出てこられたときには、この三角関係は変化します。（イ）の場合、自分、鈴木、鈴木の妻という三人の登場人物の中で身内と見なすべきは、「鈴木―鈴木の妻」の関係であり、「自分―鈴木」の関係は身内関係ではなくなります。

カードゲームのポーカーのように、会社の同僚という関係性よりも配偶者間という関係性の方が身内度数が高く、だからこそ、「鈴木さんは……いらっしゃいます」と答えることが要求されるのです。

概して、電話というものは予告なしにかかってきます。その上、相手の顔を見ることもできません。会話の冒頭、つまり名乗りの段階で尊敬語モードと謙譲語モードのうちのどちらを使うべきなのか瞬時に判断しなければならないのであり、なかなか高度な言語運用をしていることになります。

聞き手にどう受け取られるか、という迷い

さらにもう少し。アルバイト先で、ささいな自分のミスからお客さんが怒っているとします。次のように答えるのはどうでしょうか。

（客）「ちょっと、ふざけんじゃないわよ。すぐ店長呼んでよ」
（店員）「はい、すぐに店長をお呼びします」

どこがいけないのか、と思われるかもしれません。「お～する」の形式で「お呼びする」が隠れていますので、謙譲語Ⅰの形式です。店員側は「あなた（＝お客様）のために」というつもりで答えたという意図なのでしょうが、怒っているお客さんからすると、「この期に及んで（私がこんなに怒っているのに）店長を高めている」ととられかねません。聞き手はこちらの意図を汲み取ると

は限らないので、この返答の仕方はとても危険です。

そういうときの最適解は、「呼んで参ります」。謙譲語Ⅱの形式に逃げることで、誰を高めているのか、という問題からは上手に逃げることができます。

私が大学院に進学したとき、学部とは異なる大学の大学院に進学をしました。入学してすぐ、講座にいらっしゃった大御所の先生は学部時代の私の指導教員の先生を指し、

「〇〇先生はすごく真面目で研究熱心だからねぇ」

とおっしゃいました。何か返事をしなくては、と思いつつ、迷い、大変焦りました。私にとってはとても親身になってくださる先生、まさに「師匠」かつ「お父さん」だったので、「はい、そのとおりです」のような内容で答えるのはなんだか身内を立てているような気恥ずかしさがあり、かといって入学したての大学院生の分際で「いえ……（そんなことはありません）」というような答え方をするのは生意気でおこがましい。しかも事実ともまったく異なる（とても真面目で研究熱心な先生です）。迷った結果、「はい、私も頑張ります」で切り抜けました。

身内なのか相手側なのか、さらに自分の発言で聞き手にどう受け取られるのか、発言に迷うときというのは、日常生活の中でままあります。そんなときには、主語や動作の受け手をずらすのが最も効果的。「（だから）私も頑張ります」「（だから）私も勉強になりました」というすり替えをして、上手に逃げてしまいましょう。

四　丁寧語・美化語のコツ

丁寧語の中で最も使われているのは「〜です」「〜ます」です。名詞や形容詞で終わる文は「〜です」を使い、動詞で終わる文には「〜ます」を使います。日常の会話で、最も多く使われている丁寧語形式です。

大学生だ→大学生です
おいしい→おいしいです
行く→行きます

丁寧語は他に、「〜であります」「〜でございます」も使われます。

「〜であります」は若い世代にはなじみがないかもしれません。「え、そんなの使う?」と感じられる方もいることでしょう。確かに、明治期以降盛んに使われるようになったものの戦後は弱体化した形式なので、軍隊言葉のような雰囲気を感じるかもしれません。ですが、これもれっきとした丁寧語。現在は主に改まった場のスピーチで使われています。政治家の国会答弁でもよく耳にしますし、学会の口頭発表などでも時折この語形を聞きます。

この場面は「であります」でなければ！　と思うときもあります。それは、大相撲の場内アナウンス。

「行司は、木村庄之助であります」

取組の案内として、東西双方の力士紹介の後、永らく使われている形式です。「行司は、木村庄之助でございます」だと、丁寧で親しみ深いけれど風格がない。「行司は、木村庄之助です」だと、カジュアルすぎて脱力してしまいそうです。

「であります」は、びしっとアナウンスする場によくマッチします。ネクタイをキュッと締めて威厳を正し、背筋を伸ばして皆様にお伝えする。そんな場面によく似合います。

形容詞プラス「です」は、意外と新しい

「短いです」や「高いです」に抵抗感のある日本語話者は現在、かなり少なくなっているようです。終助詞の付いた「短いですね」「高いですよ」などですと、不自然に感じる人はさらに少なくなるかと思います。

ですが、形容詞のあとに「です」が公式に認められるようになったのは意外に古くなく、一九五二（昭和二七）年の「これからの敬語」においてでした。

これまで久しく問題となっていた形容詞の結び方――たとえば、「大きいです」「小さいです」などは、平明・簡素な形として認めてよい。

国語審議会「これからの敬語」（一九五二）

現在でも、「短いです」のような形に違和感を持つ方が高齢者の方を中心にいらっしゃるのはこのためです。では戦前は形容詞を丁寧に言う言い方はどのようにしていたのか？　それはもちろん、「ございます」です。

高い→たこうございます
おいしい→おいしゅうございます
短い→みじこうございます

古風さかつ端正な優美さを感じせる形式です。

若い世代におすすめなのは、「でございます」

「です」「ます」を使うのは決して難しいことではありませんが、若い世代にとって使う機会の少ないのはおそらく「でございます」でしょうか。ですが、ビジネス敬語で頻繁に使う機会のあるのも事実。若い世代が苦手な分、使えると「あ、うまいな」と思わせるテクニックにもなりえます。

例えば就職活動の最終面接で社長と話すとき。

「君が○○くん？」

と聞かれたとします。

「はい…」だと、はい残念。内定は期待できません。「はい、○○です」でも悪くはないのですが、このとき「はい、〇〇でございます」がすっと出てくると、印象が上がります。あ、これは社会人として即戦力になれるのではないだろうか、と期待させられるからです。

「でございます」に関わる話をもう一つ。「バイト敬語」と言われている表現があります。コンビニ敬語、ファミレス敬語とも言いますよね。ファミレスで、コーヒーを注文したお客さんのところに商品を持って行く際、

「ホットコーヒーになります」

といった類のものも、その一部です。目の前でコーヒーに変化するわけでもないのに、なぜこの表現が使われるのかと、かつて批判的に議論されてきた形式です。

この形式が使われた背景は様々でしょうが、一つの要因として、

「ホットコーヒーでございます」

という形式が弱体化した、つまりなじみがなくなって、若い世代にとっては言いにくくなった、という事情もあるのだと思います。

とは言え、「ございます」を聞いたことがない日本語母語話者はいないはず。まずはとにかく発声してみることがおすすめです。「でございます」で最もなじみのあるのは、そう、長年日曜日夜の国民的アニメ番組の恒例のセリフです。

「サザエでございます」

ブツブツ言いながらでいいので、是非声に出して慣れていきましょう。絶対に言えるようになります。

お酒、お醤油、お大根、おビール？

「菓子」と「お菓子」、「酒」と「お酒」、「醤油」と「お醤油」。日常生活で、どちらを多く使うでしょうか。「お」が付いている方は、美化語と呼ばれています（「ご」の付く「ご祝儀」なども美化語とされますが、美化語で「ご」が付くのは大変数が少ないと考えられます）。

「お」を付けるか否かは個人差（特に男女差）が大きく、また、同じ人物でも場面によって付けたり付けなかったり、といったゆれがあります。

これらのものは、独り言や日記の中でも使われるため、必ずしも聞き手の存在を前提とはしません。したがって、厳密には敬語ではなく準敬語と見る立場もあるようです。話し手がきれいに・上品に、すわなち「美化して」述べる目的で用いられます。

語によっても「お」が付くか否かが分かれます。「大根」を「お大根」というのは料亭の女将さんなら言いそうですが、「お人参」という言い方を私は聞いたことがありません。「ビール」は「おビール」と言うと上品に聞こえそうですが、「酎ハイ」「ウィスキー」は「お酎ハイ」「おウィスキー」にはならない。美化語は個別の語の慣用として定まっているものが多くあり、注意が必要です。

さらにSNS全盛期の現在、「おリボン」・「お受験」・「お紅茶」・「お教室」などはやや拡大の傾向を感じます。自分や相手の持ち物でもないのに、店先やインターネット上の商品を指して「お品」もよく聞くようになりました。

この先、美化語の「お」がどうなっていくのか、注意して見ていきたいと思います。

五　敬語のよくある「誤り」

ここまで、敬語の分類と形式を確認しつつ、それぞれの注意点を見てきました。「正しいものを知る」のも一つですが、逆に「誤りのもの」を覚えてしまった方が早いときもあります。

ただし一つ注意。敬語の、「誤り」とは何でしょうか。あなたの日本語と私の日本語は違う、これは当たり前です。違いがある以上、どちらが正しくてどちらが誤り、というのはなかなか言えないはず。私の勤める大学でも、他者の発言を指して「そのようにおっしゃられましたが……」という言い方を耳にすることは多くあります。それを聞いて不快になることも特にありません。だって、何よりも「しょせんは言い方」。発言内容の方が大事であるのは言うまでもないことです。

ですが、面識のない他者と話すとき、相手がどのような考えや性格の人かわからないならば、また、大勢の人にわかりやすく伝えるためには、基準に合わせておいた方が無難な場合があります。

本書で言う「誤り」とは、公的指針である文化庁の「敬語の指針」から見ての誤りだということを申し添えておきたいと思います。

以下、よくある誤りを五パターンに分けて紹介していきましょう。

①「お〜する」「ご〜する」の使い方―社長の行動に使っちゃダメ！―

× 先生がご指導した学生が入賞した。

↓

○ 先生がご指導なさった学生が入賞した。（別解「指導なさった・指導された」）

× 吉田先生の方から私の両親にお話ししていただけませんか。

↓

○ 吉田先生の方から私の両親にお話しいただけませんか。

「お（ご）〜する」は謙譲語Ⅰです。すなわち、「社長、私が……（します！）」と言える場面でないと使えません。社長や先生、お客様など、高める人の行動に使うと誤用になります。「お（ご）〜いただく」の文型のときに「して」を入れない、というのも覚えてしまいましょう。

②語彙形式、尊敬語と謙譲語の区別に気を付ける

× お客様が参られました。

↓

○ お客様がいらっしゃいました。

× 先生、卒論の原稿ができたので拝見してください。

↓

○ 先生、卒論の原稿ができたのでご覧ください。

× 先日頂戴したお菓子、おいしく召し上がりました。

↓
○ 先日頂戴したお菓子、おいしくいただきました。

来たのは誰？　見るのは誰？　食べたのは？　相手側であれば尊敬語を、こちら側であれば謙譲語を使います。逆になると、トラブルの元になりかねません。

③二重敬語は過剰敬語。

× 高橋様がおっしゃられた。
↓
○ 高橋様がおっしゃった。
※「おっしゃる」＋「(ら) れる」をダブルで使った誤用。

× 先生はよくテレビをご覧になられますか。
↓
○ 先生はよくテレビをご覧になりますか。
※「ご覧になる」＋「(ら) れる」をダブルで使った誤用。

× タバコをお吸いになられる。
↓
○ タバコをお吸いになる。
※「お～になる」＋「(ら) れる」をダブルで使った誤用。

基本的には、尊敬語の形式は二重には使えません。語彙形式を使ったらそこに文法形式を重ねることはできませんし、文法形式二種類を同時に使うことはできません。

④身内は高めない＆モノも高めない！

×（社外の人に対し）田中部長でしたら、一七時には社に戻るとおっしゃっておりました。

↓

◯（社外の人に対し）部長の田中でしたら、一七時には社に戻ると申しておりました。

×私の叔母がね、海外留学で今イギリスにいらっしゃいましてね。

↓

◯私の叔母がね、海外留学で今イギリスにおりましてね。

×これはおじいちゃんがおっしゃっていたことなのですが、……。

↓

◯これは祖父が申していたことなのですが、……。

×さすが社長の腕時計は高級品だ。ここ最近まったくメンテナンスをしていないのに、まったく正確に時を刻んでいらっしゃる。

↓

◯さすが社長の腕時計は高級品だ。ここ最近まったくメンテナンスをしていないのに、まったく正確に時を刻んでいる。

日本語の敬語運用ルールでは、身内やモノを高めてはいけないというルールがあります。家族のことを他人に話すとき、社内の人のことを社外の人に話すときなど、気をつけましょう。

⑤いっそのこと、誤用のタイプを覚えてしまえ（「ご～される」・「～なされる」・「ご～できる」・「お～やすい」）！

×社長もこの店をよくご利用されるんですか。

↓

◯社長もこの店をよくご利用なさるんですか。

※「お（ご）～される」は誤用。
×　佐藤さんは先月ご結婚なされた。
↓
○　佐藤さんは先月ご結婚なさった。
※「ご～なされる」は誤用。
×　この電車はご乗車できません。
↓
○　この電車はご乗車になれません。
※「お（ご）～できる」を尊敬語として用いるのは誤用。
×　お求めやすい価格で新登場。
↓
○　お求めになりやすい価格で新登場。
↓
○　お買い得価格で新登場。
※「お（ご）～やすい」は誤用。

以上、よくある例ですが、すべて誤用です。

「ご～できる」は、謙譲語Ⅰの形式です（謙譲語として用いられるものはもちろん適切です）。

例えば飲食店で店員さんが客を案内する際、次のように言ったとします。

「ただいま窓際のお席は満席でして、通路側のお席でしたらご案内できます」

案内するのは「店員」で、「客」を案内しますよね。つまり店員は案内される側の客を高めており、謙譲語Iとして使っているわけです。これは適切な使い方と言えます。

「ご〜できる」の形を使った「ご乗車できません」もよく見る表現です。私が日頃利用する駅でも何箇所にも大きく掲示されています。ですが、乗車するのは「客」。鉄道会社側の発言としてこの形式を用いるのは適切とは言いづらいです。

「お求めやすい価格」も、正しくするとしたら「お求めになりやすい」。ただ、「お求めになりやすい価格で新登場」と言うと、やや冗長な感じもします。その場合は「お買い得価格で新登場」など、別の表現も候補に考えてみましょう。

六　相手への配慮をことばに表す

文は長くなればなるほど、丁寧さアップ!?

聞き手に対して、書くことを要求する発話を考えてみます。

左記の①から⑥にかけて、丁寧度が順にアップしていることに気付くかと思います。文末に否定・疑問の要素（「〜ません」・「〜か」）や恩恵の授受にかかわる要素（「〜ください」・「〜れば幸いです」）をプラスするほど、行為を求める直接性が薄まり、間接照明のようなやわらかな表現となります。多くの要素を入れることになるので、間接性が高まるほど文が長くなる。換言すると、文が長くなるほど丁寧さはアップする、という仕組みなのです。

①書け。
②書いて。
③書いてください。
④書いてくださいませんか。
⑤書いてくださいますでしょうか。
⑥書いてくださいませんでしょうか。

丁寧度低 ⟷ 丁寧度高

「ご賞味ください」の意味

大学で日本語リテラシーの授業を担当していると、学生から様々な日本語の相談を受けます。多くの場合、彼らにとって最も迷うのは、バイト先での敬語。以前勤めていた大学でも、よく聞かれました。

「先生、僕、焼き肉屋でアルバイトをしているんです。店で今、オススメしたい塩タンがあって。で、オーダーを取るときにお客さんにどう言ったらいいのか教えてください。なんか僕、敬語の使い方がおかしいっていつも先輩に言われてて……」

「お客さんに、なんて言ったの？」

「『お客様、今、こちらの塩タンがおすすめです。ごショーミください！』って言いました！」

「え、『ごショーミ』って、『賞味期限』の『ショーミ』の方？　それとも『笑う味』の方？　まぁ、その場面だとどっちもちょっと使いにくいと思うんだけど……」

「あ、『賞味期限』の方です。」

「そうだねえ。それだと、『食べてください』っていう意味がかなり直接的だと思うよ。『よろしければ是非お試しください』くらいでどう？」

「今度はそうしてみます」

彼ら・彼女たちの敬語の迷いは切実で、でもより良く使いこなして社会に出る準備をしていきたい、という切実な思いがひしひしと伝わってきます。学生たちといろいろな日本語表現の違いについてわいわい言い合うのは、私の大好きな時間の一つです。

クッション言葉は複数のストックを

人に何かを勧めるときや断るとき、あるいは依頼をするとき、相手の気持ちを考えてことばを発しますよね。そんなときに添えたいのは「クッション言葉」です。

そこまで親しいわけでもない知人に自分の作ったお菓子を勧めたいとき、

「お召し上がりください」

だけだと、親しくない相手にとっては直接的に感じられます。

苦手なものが入っていたら？　他人の手作りお菓子は食べたくない、という人もいるかもしれないし、そもそもお菓子は食べないから正直迷惑だ、という人もいるかもしれない。いろいろな可能性が排除できない中で他人に勧める際には、「クッション言葉」に、時に「伺う形」を組み合わせて、相手への心配りを示してみましょう。例えば、

「よろしければ、このクッキーいかがですか？」

のような形です。

「よろしければ……」「ご迷惑でなければ……」、また、人にお願いをするときの「お手をわずらわせて恐縮ですが……」のようなクッション言葉は、不意打ちの勧めや依頼でも、相手に心の準備をさせる効果があります。相手への配慮を表しつつ、相手が断りやすい状況を作れるよう、心掛けましょう。「断られ上手は依頼上手」なのです。適切に準備して、互いに気持ちの負担にならないようにしたいですよね。

なお、さきの焼き肉屋の例で「ご笑味」は使えませんが、こちらから目上の人などに食品を配送して贈るような場面では、「ご笑納」と同じような用法を持つ「ご笑味」が用いられることがあります。「少しばかりですが、どうぞご笑味ください」などと使います。

次の表は、クッション言葉のリストです。メールなどで相手への配慮を示しながら長文を書くと

き、同じ言い回しが複数回出てくると単調・稚拙な印象になってしまいます。複数使えるよう、いくつかの言い回しを身に付けておきましょう。

【クッション言葉の様々】

意向を尋ねる		・（もし）よろしければ ・ご迷惑でなければ ・差し支えなければ ・ご都合がよろしければ
依頼する	状況に応じてプラスする ・まことに ・たいへん ・非常に	・恐れ入りますが ・お手数をおかけしますが ・恐縮ですが ・恐縮に存じますが ・ご面倒をおかけしますが ・申し訳ございませんが ・お手を煩わせて恐縮ですが
断る		・申し訳ございませんが ・あいにく（ですが） ・せっかくではありますが ・残念ではございますが

クッション言葉は、文末でも特有の形式を要求する場合があります。「断る」場面に特に顕著です。

「申し訳ございませんが、ご希望に添うことはできかねます」

「恐れ入りますが、○○のため、ご要望にはお応えしかねる次第でございます」

「残念ではありますが、今回の企画は辞退させて頂きたく存じます」

「せっかくですが、○○の理由によりお気持ちのみ頂戴致します」

断るにせよ、「お心遣いありがとうございます」「次回は是非……」「またの機会を……」など、お互いに感謝や次回への期待につながる言い方にすると気持ちが良いですね。

七　改まり語を知る

日常使いの普段着ではなく、ちょっとよそゆきの改まった服装があるように、ことばにも日常使いのものと改まったものとがあります。改まった文体で使うことばをトレーニングしておくと、いざというときに困りません。特に社会人になると、すべてこの文体で話し続けることが求められる場合があります。

①用紙はあとで受け取ってください。

②あそこにいる人にお渡しすればいいですか？

③調子はどうですか？

傍線部のそれぞれを、改まった表現に変えてみます。

①用紙はのちほど お受け取りください。

②あちらに いらっしゃる 方 にお渡しすればよろしいですか？

③調子はいかがですか？

併せて波線部分も変更となりました。「あそこにいる人」が「あちらに……」となった場合、「あちらにいらっしゃる 方」としたくなります。敬語と改まり語は、深い関係にあることがわかるかと思います。

それでは、次の問題を考えてみましょう。

問　次の①〜⑭を改まり語に変えましょう。④〜⑥は平仮名で答えてください。

①こっち　「どうぞ□にお越しください」

②今日　③誰　「□の担当者様は□ですか」

④きのう　⑤あした　⑥あさって　⑦去年

⑧今　⑨もうちょっと　「□参ります。□お待ちください」

⑩すぐ　「会長はもう□いらっしゃるようです。」

⑪さっき　「○○先生でしたら、□研究室にいらっしゃいましたよ」

⑫ちょっと・少し（時間）　「□お時間よろしいでしょうか」

⑬ちょっと・少し（量）　「募金の金額は□でも、善意は偉大だ」

⑭やっと　「敬語の仕組みが、□わかってきた」

答：

①こちら　②本日　③どなた・どちら様　④さくじつ　⑤みょうにち・あす　⑥みょうごにち　⑦昨年・旧年　⑧只今　⑨いましばらく　⑩まもなく　⑪さきほど　⑫少々　⑬わずか　⑭ようやく

うるさい―にぎやか―にぎにぎしい

改まり語を身に付ける効用をもう少し。

大事な友人と久しぶりに会えてお店でお酒をいただいたときのこと。何もかもがおいしくて、ですがそれにしては値段が安い。店員さんからのサービスもしっかりとしている。互いに初めてそのお店を訪れたのですが、とても気に入りました。

さて、おいしいお酒も二杯目、となってきた頃、若い店長さんが各テーブルをまわって何やら話しに来ました。

「お客様、この後八時からグループのお客様のご予約が入っておりまして、テーブル間の距離の関係からにぎにぎしい感じになってしまうかもしれません。よろしいでしょうか」

グループ客が入店する予定だから、静かに食事を楽しんでいる客にとっては迷惑になるかもしれないけどいいだろうか、という声掛けでした。

「にぎにぎしい」は、近年日常の会話では聞く機会が少ないと思います。ですが、そういった語感だからこそ、相手への丁重なもてなしの場面ではより輝くことばともなります。ちょっとした心遣いは、聞き手をさりげなくあたたかい気持ちにさせるからです。友人との会話も楽しくて、より気持ちよく酔うことができましたし、よりそのお店が好きになりました。

うるさい感じになってしまうかもしれません。

にぎやかな感じになってしまうかもしれません。
にぎにぎしい感じになってしまうかもしれません。

「うるさい」と「にぎやか」と「にぎにぎしい」。「音量が大きい」という意味では共通の意味を持っています。ですが、単語の選び方一つで受ける印象も大きく変わります。「うるさい感じになってしまうかもしれません。よろしいでしょうか」だと、「うるさくさせないでよ！」と思われてしまうかもしれない。中には、「何をー！　そっちの客の方が大事だから出ていけということか！」と怒りだす客が出てくるかもしれません。場に合った、しかも相手のことを考えたことばを選んでいきたいものです。

寄り道④

文体をそろえる

日本語の文体で主に使われているのは「です・ます」体・「だ」体・「である」体。このうち、「です・ます」体は敬体、「だ」体と「である」体は常体とされています。

レポートなど学術的な文章では「である」体に統一することが求められます。それでは、「である」体に統一する練習をしてみましょう。

問：次の文章の文体を「である」体に変更してください。

たい焼きは、鯛の焼き型に入れて焼いた、餡入りで小麦粉主体の和菓子です。明治時代から食べられている日本の菓子の一つですが、二〇世紀末期以降は餡に替えて別の食材を詰めたものも見られています。主に日本国内で製造、販売、消費されているものです。

小麦粉・砂糖・重曹などから作った生地を、鯛をかたどった焼き型に流し入れ、片側に餡（小豆のアンコ）を載せて両側を合わせて焼きます。近年では餡に替えてクリームや溶かしたチョコレート、キャラメル、カスタードクリームなどを詰めたものも見られます。

たい焼きの焼き型には、一匹ずつ焼き上げる型と複数匹を一度に焼き上げる型の二種類があって、前者を「天然物」「一本焼き」、後者を「養殖物」と呼びます。手間がかかる前者の焼き型の使用は減少を続けていますが、こだわりを持つたい焼き職人もいます。天然物と養殖物は焼き方や火の通り方も異なることから味も違います。

たい焼きは今川焼きから派生した食べ物です。

（Wikipedia「たい焼き」の項を本文改、
http://ja.wikipedia.org/wiki/%E3%81%9F%E3%81%84%E7%84%BC%E3%81%8D）

「である」体に統一すると、以下のようになります。

答：たい焼きは、鯛の焼き型に入れて焼いた、餡入りで小麦粉主体の和菓子である。明治時代から食べられている日本の菓子の一つであるが、二〇世紀末期以降は餡に替えて別の食材を詰めたものも見られている。主に日本国内で製造、販売、消費されているものである。

小麦粉・砂糖・重曹などから作った生地を、鯛をかたどった焼き型に流し入れ、片側に餡（小豆のアンコ）を載せて両側を合わせて焼く。近年では餡に替えてクリームや溶かしたチョコレート、キャラメル、カスタードクリームなどを詰めたものも見られる。

たい焼きの焼き型には、一匹ずつ焼き上げる型と複数匹を一度に焼き上げる型の二種類があり、前者を「天然物」「一本焼き」、後者を「養殖物」と呼ぶ。手間がかかる前者の焼型の使用は減少を続けているが、こだわりを持つたい焼き職人もいる。天然物と養殖物は焼き方や火の通り方も異なることから味も違う。たい焼きは今川焼きから派生した食べ物である。


原文「二種類があって」も、「である」体にふさわしい「二種類があり」に変更しました（波線部）。よく誤解されるのですが、「である」体は文末をすべて「である」にすることではありません。「今日は朝七時に起きたのである」「パンを食べたのである」「家を八時に出たのである」……。変ですよね。バカボンのパパのようになってしまいます。

「である」体であっても、動詞は「ます」を取り除いて言い切る、形容詞も「です」を取り除いて言い切る、と考えてください。断言する形、ととらえると理解しやすいと思います。

八　メールを書く

社会に出てからはもちろんのこと、大学に在学している間も、重要な連絡はメールでやりとりすることが多くなってきました。メールの〝お作法〟、自信がありますか？

目上の人にメールを送る

ある授業でレポート課題が出されました。ですが、何を書いてよいのか見当が付きませんし、どういう参考文献を選んでよいのかもわかりません。授業担当者の先生にメールで聞いてみることにしました。

【Aさんのメール】
件名：お願い
本文：
　先生、こんにちは。
　先週出たレポート課題ですが、「文節」について書きたいのですが、どうしたらいいですか。
　お返事下さい（できれば早めに）。
　○○○○

【Bさんのメール】
件名：火曜二限「日本語学」課題レポートについて／○○学部一年○○○○ [ポイント①]
本文：
　■■■■先生
　いつもお世話になっております。[ポイント②]
　○○大学○○学部○○学科一年の○○○○です。

先生の火曜二限「日本語学」の授業を受講しています。ポイント③

さて、先週の授業で出されたレポート課題について教えて頂きたいことがあります。

課題は自分で選ぶということだったので「文節」で書きたいと思っていますが、どのような参考文献を選んで良いのかがいまいちわかりません。

授業で聴いた、橋本進吉の説についてもっと勉強して知りたいと思っているのですが、おすすめの文献はありますでしょうか。

とりあえず大学の図書館で下記の文献は借り出して読みつつあるところです。

・橋本進吉『国語学概論』（岩波書店、一九六二）ポイント③

また、このテーマでレポートを作成するにあたって注意すべきこともアドバイス頂ければ幸いです。

お忙しいところ申し訳ありません。どうぞ宜しくお願いします。ポイント④

○○○

（署名欄）

どちらが良いか、一目瞭然ですよね。同じ授業を受けている同じ学科の同じ学年の学生であっても、おそらくこのくらいの差はあります。ですが、教員も人間。どちらの学生に対して親切に対応したくなるか、もうおわかりですよね……。

Aさんのようなタイプのメールは、私も過去何度か受け取ったことがあります。まず、「名を名乗れ」です。大学の教員は、専任教員ばかりではなく非常勤の先生も多くいらっしゃいます。中には四つの大学を受け持っていらっしゃる先生も。そんな先生からしたら、Aさんのメールはどの大学の学生なのかすらわからない、という可能性もあります。

件名「お願い」も、非常にまずい。そういう人に限って、大学から付与されたメールアドレスではなく、スマホなどの携帯メールから送りがちです。件名「お願い」で、しかもよく知らないアドレスからいきなり送られてきたら……。迷惑メールかと思ってそのまま削除ボタンを押されてしまいます。学生であれば、大学から付与されたメールアドレスから送るようにしましょう。

Bさんのメールのポイントを確認していきたいと思います。

ポイント①　件名は内容を的確に要約！

最初のメールでは氏名は必須です（迷惑メールと勘違いされないようにするため）。

ポイント②　出だしは、重要。

一文目は出だしであり、大切です。友だちでない限り、「こんにちは」で始めるのはやめましょう。「いつもお世話になっております」「いきなりのご連絡を失礼します」など、よく使う言い回しを覚えてしまうと便利です。

ポイント③　現状とメールの趣旨をわかりやすく。

現状を丁寧に、相手に伝わるように書きましょう。相手への要求も明確に。改行によって文面が大まかにブロック分けされていると、大変読みやすいです。

ポイント④　相手への気遣いも忘れずに。

相手の都合を気遣うことばがあると、印象が良くなります。要求は的確に伝えながら、状況に応じてクッションとなる言葉を一言添えるようにしましょう。

その他のポイントとして、次のようなものもあります。

ポイント⑤　タイミングも、重要。

何か返事をしなければならないメールを受けたら、なるべく早めに返事をしましょう。連絡を受けただけであったとしても、特に目上の人には返信が必要な場合もあります。そうした場合、本文は「承知しました。ご連絡ありがとうございます」だけでかまいません。

ポイント⑥　敬語も、やはり重要。

文字で記録される分、敬語の誤りは恥ずかしいです。音声による会話とは異なり、相手が消去しない限り永遠に残ります。日頃から「この表現、おかしくないよね？」と確認するくせをつけましょう。少しでも不安を感じるなら、下書きを一度プリントアウトしてみる、他人から意見をもらってみる、などがおすすめです。

面識のない人に返信を要求する

丁寧に書くことはできても、何を求めているメールなのかいまいち伝わりにくいようでは困ります。次の内容でメールを書くとしたら、どのように表現したら良いでしょうか。

問　次の条件にしたがって、メール本文を作成してください。
差出人：【あなたの名前】（大学生）
宛先：就職を希望する会社（株式会社ハートピアエクセル）の総務部人事課、塚田正浩
用件：五月二七日に会社説明会の予約を入れていたがどうしても変えられない大学のゼミ発表の予定が入ってしまい、説明会の方の日時を六月二日に変えたい。すでに受付は締め切っているが、何とかならないだろうか。

以下のメールで返信したとします。

【返信A】
件名：五月二七日の会社説明会について／○○大学○○学部四年　○○○○
本文：
塚田様
いきなりのご連絡を失礼いたします。
こちら○○大学○○学部四年の○○○○と申します。
さて、先日五月二七日に開催される貴社の会社説明会に予約させて頂きましたが、実は当日、大学のゼミ発表の予定が入ってしまいました。
つきましては、貴社の会社説明会の日程を六月二日に変更させて頂けないでしょうか。
どうぞよろしくお願い致します。
（署名欄）

言いたいことはよくわかりますし、合格点と言ってもよいのですが、いくつか改善できるところがありそうです。推敲した結果の【返信B】を元に、考えていきましょう。

【返信B】

件名：五月二七日会社説明会の日程変更について／○○大学○○学部四年　○○○○ ポイント①

本文：

株式会社ハートピアエクセル

総務部人事課　塚田正浩様 ポイント②

いきなりのご連絡を失礼いたします。

こちら○○大学○○学部四年の○○○○と申します。

さて、先日五月二七日に開催される貴社の会社説明会に予約させて頂きましたが、実は当日、大学のゼミ発表の予定が入ってしまいました。

あいにく、ゼミ発表は日程を変更することがどうしてもかないません。ポイント③

大変恐れ入りますが、貴社の会社説明会の日程を六月二日に変更させて頂けないでしょうか。

既に締切後でもあり恐縮ですが、ご検討の上、変更の可否をご返信頂ければ幸いです。ポイント④

貴社の会社説明会に参加させて頂くことをたいへん楽しみにしておりますので、どうぞよろしくお願い申し上げます。ポイント⑤

（署名欄）

ポイント①

メールの趣旨がタイトルで伝わるよう工夫しましょう。件名に「日程変更」は是非入れてほしいと思います。

ポイント②

会社名、人名は省略しない。最初のやりとりの場合、人名はフルネームで記す。敬称は人名なら「様」、組織名なら「御中」。

ポイント③

私用（遊びに行くなど）でないことを明記する。さらにゼミ発表の方を日程変えてもらえば？と言われないよう、状況をうまく説明しましょう。

ポイント④

「変更させて頂けないでしょうか」と「どうぞよろしくお願い致します」だけだと、返信が来ない（うっかり忘れられる）可能性もあります。「ご検討の上、変更の可否を……」など、丁重に書きつつも明確に返事を要求する書き方を工夫することが必要です。さらに、締切後の段階だ、ということも自ら述べて断りましょう。

ポイント⑤

就職先の会社として熱心に考えているのだ、ということが伝わるよう、アピールもしておくとより良いと思います。

寄り道⑤

視点をそろえる

文には主語があります。主語は、その文の動作主であるとともに、視点主でもあります。文章を書くときには、視点を動かさないことが大切です。

文章を書くときの視点に関する説明は、小説の文体を例にするとわかりやすいでしょう。小説には一人称で書かれる場合と三人称の場合があります。

三人称は別名を「神の視点」「天の視点」とも言います。登場人物の誰でもない客観的な視点から語られるので、誰のどんな事情も把握できているし、登場人物の心情もすべて了解しています。だから、何でも書ける便利な視点です。

しかし、日本の小説は多くが一人称によって書かれています。語り手（ほとんどの場合、主人公です）が自己の内部を掘り下げる語りは、内省的と言われる日本人に適しているのかもしれません。

一人称で書くと話しことばに近い語り口になり、書きやすく読みやすい、表現の幅を広く取った文章になります。ですから、「小説創作」という授業で提出される小説の多くが一人称になるのも、納得できます。

しかし、しばしば語り手から見えている範囲を超えた描写がなされており、これには指導が入ります。

「私は一方的に想いを告げて、その場を立ち去った。彼が、『僕も君が好きなんだ』と呟く声は、私には届かない。」

これは、「私には届かない」ので、当然「私」は知らないことです。だから、「私」には書けません。でも、彼女が片思いではないことを、書いておきたいというのなら、解決策は二つです。

①三人称に文体を変える。
②「と呟いていたことを私は後で知った。」といった文を書き足して矛盾をなくす。

文体を一人称にすると、その人に見えている範囲のことしか書けないので、ストーリーを展開させる上での制限があります。ですから、他人から聞いた情報を使ったり、偶然立ち聞きをしたり、うっかり見てはいけないものを見てしまったりして、見えない部分を補填します。

文体は一人称にしたい、でも、わざとらしい立ち聞きや覗き見もさせたくない、ということで、章ごとに異なる語り手を立てる手法が、最近はよく使われるようになりました。

その点、三人称はなんでも書けます。しかし、実は「天の視点」であってはいけないのです。物語の読み手は、物語の世界を天から見下ろしてはいません。地上に立って、登場人物達と同時進行で体験しているのです。ですから、ある家族について家族の中で語られていたのに、突然別の誰かが、その話題に入ってきたりすると不自然に感じられます。

三人称のときにも視点人物はいるのです。そして、予告なしにその視点を変えると、座りの悪い文章になります。

「天の視点」である、と思い込んでしまうと、一切の主観を省こうとして、非常に不自然な文章を書くことになります。頑なに「天の視点」に拘ったある学生は、不自然な文章をなかなか改められませんでした。それだけでなく、他の受講者の達者な文章も「主観混じりの三人称」であることを理由に批判し始めたので、そこは違うよ、と苦労して個人指導を重ねたのを覚えています。誰かが言った「天の視点」が刷り込まれていたので、私のことばで上書きすることは困難でした。それが、時系列の問題か、私が信頼されていなかったからかはわかりません。

その点、エッセイだと書き手の視点しかありません。逆に、他の視点を入れ込んでしまうとエッセイにはなりません。これは、徹底的に主観的な文章です。

論文やレポートも、エッセイ風に書いてしまう学生がいます。こちらは、徹底した客観文にしたいので、「私は」という主語を避けるよう指導しています。

「私は、この結果を見てこう思いました。」

ではなく、

「この結果からは、以下の可能性が示唆される。」

とするといった具合です。

おわりに

グローバル化の時代と言われて久しく時が過ぎました。「国際コミュニケーション学部」に所属し、日頃学生達と接していて感じるのは、彼女たちの「英語ができないと取り残される」という焦りのようなものです。ですが同時に、私自身が学生時代に聞いた次のことばも思い出します。

第二言語の運用能力が、第一言語のそれを超えることはない。

一所懸命英語を学んだとしても、あなたの英語能力が、日本語のそれを超えることは（通常）ない。このことは、「いくらアウトプットの形を変えたとしても、持っている基盤が変わらなければそれ以上の成長は見込めない」、という理解にもなりえます。

日本語母語話者として、学生たちは生活のための「日本語」を使いこなしています。ですが、「国語」は使えているのでしょうか？ ここに言う「国語」とは、抽象的な思考を理解し、批評し、自分の考えを表現して発信していく言語の力のことです。他者と対話し、提案し、新たな未来を切り拓いていく「ことばの力」にほかなりません。

もっといろんなことばを知ってほしい、もっと豊かな、そして正しいことばの世界を学んでほしい、という願いが、この本を生み出すきっかけでした。

出版のご提案を頂いた直後、新型コロナウイルスの影響が強く世界を覆いました。直接会えない、面と向かって話せない代わりに、メールやそれに添付するワードファイルのやりとりは格段に増えたように感じます。コミュニケーションにおいて、表情・身ぶり・手ぶりという要素が捨象され、伝達されたことばそのものに、より神経を注がざるを得ない状況です。文章に求められる役割は、どうやらますます大きくなっていきそうです。

近年、大学生向けの日本語リテラシーのための書籍が数多く出版されています。その中で、若い世代の方が肩の力を抜いて、なるべく気軽な気持ちで読み進められるもの、でもゆっくり時間をかけて染みこんでいけるようなものであれば良いと考え、あえて「です・ます」調に仕上げました。さらっと読みつつも、ふと自分自身の日本語を見つめ直すきっかけにしてほしいと思います。東海圏の大学に勤める女性教員たちが、学生達に話しかけ、寄り添う気持ちで書き上げたつもりです。そのため、あえて学術的に厳密な定義や説明にこだわらず、とにかくわかりやすく説明することを心がけました。

また、本書の本文中には学生達の発言や行動が多く出てきますが、創作が大部分を占めています。

特定の学生を貶める意図はまったく無いことをお断りしておきたいと思います。お世話になりましたナカニシヤ出版の宍倉由高さんと、ともに学ぶ学生達に御礼申し上げます。ありがとうございました。

村井宏栄

た行

な行

は行

ま・や・わ行

索　引

著者紹介

堀田あけみ（ほった あけみ）　（第一章，第二章一・三・四，コラム 1・3・5）
名古屋大学大学院教育学研究科満期退学（1993 年）
現職　椙山女学園大学国際コミュニケーション学部表現文化学科教授
主要著作に
『1980 アイコ十六歳』 河出書房新社（1983 年）
『愛をする人』 角川書店（1992 年）
『発達障害だって大丈夫―自閉症の子を育てる幸せ―』 河出書房新社（2007 年）
『花くらべ―尾張名古屋に咲く花は』 日経 BPM（2014 年） 他

村井宏栄（むらい ひろえ）　（第二章二，第三章，コラム 2・4）
名古屋大学大学院文学研究科修了（2007 年） 博士（文学）
現職　椙山女学園大学国際コミュニケーション学部表現文化学科准教授
「修飾語・接続語・独立語・並立語」『品詞別学校文法講座　第 1 巻　品詞総論』明治書院（2013 年）
「『西方指南抄』における重点について」『椙山女学園大学研究論 人文科学篇』第 49 号（2018 年）
「漢字片仮名交じり文で記された親鸞遺文における重点（、）」『言語と表現―研究論集―』第 16 号（2019 年）
「中世漢字片仮名交じり文における重点（、）―大福光寺本『方丈記』を軸として―」『国語語彙史の研究三十九』和泉書院（2020 年） 他

ついスマホに頼ってしまう人のための日本語入門

2021 年 7 月 20 日　初版第 1 刷発行　　定価はカヴァーに表示してあります

著　者　堀田あけみ
著　者　村井宏栄
発行者　中西　良
発行所　株式会社ナカニシヤ出版
〒606-8161　京都市左京区一乗寺木ノ本町 15 番地
Telephone 075-723-0111
Facsimile 075-723-0095
Website http://www.nakanishiya.co.jp/
Email iihon-ippai@nakanishiya.co.jp
郵便振替 01030-0-13128

装幀＝白沢　正／印刷・製本＝創栄図書印刷株式会社

Printed in Japan
ISBN978-4-7795-1569-9 C0081